§ III.

Des Bois droits et courbans employés aux ouvrages de la marine.

Les *Gournables* ou *chevilles*, dont on se sert pour arrêter les bordages avec les membres d'un vaisseau, doivent être faites avec du bois de fente bien sec. On choisit à cet effet les jeunes chênes très-forts, lians et point gras, dont on emploie le cœur de préférence. Les gournables ne sauraient être trop fortes afin de résister aux coups redoublés qu'elles reçoivent, pour joindre les bordages avec les membres. Le bois pour les gournables se débite et se fend comme celui pour les échalas (pl. 30).

Des *Merrains.* On appelle particulièrement *Merrain*, le bois de chêne ou de châtaignier refendu et débité de manière à faire les tonneaux, futailles et barriques. Les merrains sont composés de *longailles* et de *fonçailles*. Le millier assorti des trois espèces, est de mille longailles et de six cents fonçailles, ou de quatorze cents longailles.

Voici les dimensions de chacune des trois espèces de merrains en usage dans la marine.

NOUVEAUX TARIFS
POUR
CUBER LES BOIS DE DÉBIT
OU LES PLANCHES.

Le Traité du Cubage des Bois, ou Nouveaux Tarifs pour cuber les Bois carrés ou de charpente, les Bois bâtards et en grume, les Bois ronds, le Bois de débit ou les planches, et le Bois de chauffage ou de feu, en anciennes et nouvelles mesures, 1 vol. in-12 de 450 pages, se vend 5 fr. et 6 fr. par la poste.

On vend séparément :

Les Tarifs des Bois carrés, bâtards et en grume, et du Bois de chauffage, in-12.............. 3f. »c.

Les Tarifs pour cuber les Bois ronds, in-12. 2 »

Les Tarifs du bois de débit ou des planch., in-12. 1 25

AVIS.

Ces Tarifs ayant été extraits du Traité du cubage des Bois, on est prié de ne point faire attention si l'ordre des numéros des pages ne se suit pas d'un tarif à l'autre.

H. PERRONNEAU, Imp.-Lib., quai des Augustins, no. 39.

NOUVEAUX TARIFS

POUR CUBER

LES BOIS DE DÉBIT

OU LES PLANCHES.

EN ANCIENNES ET NOUVELLES MESURES,

EXTRAITS DU TRAITÉ COMPLET DU CUBAGE DES BOIS;

PRÉCÉDÉS d'Instructions sur la manière de cuber cette espèce de Bois, soit avec la plume, soit avec les Tarifs.

A l'usage de MM. les Agens de l'Administration des Eaux-et-Forêts et des Poids-et-Mesures, et de ceux de la Marine et des Officiers et Ouvriers d'état employés, soit au Martelage des Bois de Marine et d'Artillerie, soit dans les Arsenaux de construction de terre et de mer, ainsi qu'à tous les Charpentiers, Menuisiers, Architectes, Entrepreneurs de bâtimens, Marchands, Adjudicataires et Propriétaires de Bois et Gardes-ventes, etc.

PAR P.-E. HERBIN DE HALLE,
Auteur de différens Ouvrages.

PARIS,

Chez S.-C. L'HUILLIER, Libraire, rue des Mathurins-Saint-Jacques, N°. 3 *bis*.

1813.

Cinq exemplaires de ces Tarifs ayant été déposés à la Direction générale de la Librairie, tous contrefacteurs ou débitans d'Editions contrefaites seront poursuivis rigoureusement devant les Tribunaux.

AVERTISSEMENT.

AVANT la mise en activité du nouveau système des mesures métriques, plusieurs ouvrages avaient été publiés sur le cubage des bois carrés et ronds, et j'ignore par quel motif on avait négligé celui du bois de débit ou de planches. Depuis, différens ouvrages ont paru et ont gardé le même silence sur cette espèce de bois, ce qui m'a engagé à en parler dans mon Traité du *cubage des bois.*

Puisque tout le monde convient que le système métrique se serait introduit avec bien moins de difficulté dans le commerce, si l'on avait eu de suite, d'après ce système, des tarifs semblables aux comptes faits de Barême pour en faciliter l'usage, on doit bien mieux apprécier un ouvrage qui, redigé dans cet esprit, et présentant d'un seul coup d'œil les nouvelles et les anciennes mesures, donne le cube des planches, espèce de bois dont l'emploi est si généralement répandu, sur-tout dans la construction de nos habitations, qu'il sert en même-tems à les rendre commodes et à les embellir. De là, la nécessité de connaître la quantité de bois employé soit au boisage d'un appartement, soit à une cloison, etc : ce qui m'a engagé à publier les tarifs dont il s'agit, puisqu'ils offrent les moyens de cuber facilement et promptement les bois de débit ou les planches. J'y ai même ajouté, pour ne rien laisser à desirer, un tarif servant à faire connaître à tant le cent combien la planche, le centième et le décistère du bois de débit.

Je ferai remarquer que j'ai toujours eu soin d'éclaircir et de démontrer par des exemples l'utilité de ces tarifs et la manière de s'en servir.

J'ai cherché à les rendre utiles non-seulement aux menuisiers, aux toiseurs; mais encore à MM. les Agens de l'Administration des eaux et forêts et de la marine, ainsi qu'aux propriétaires. J'espère que mon but sera d'autant mieux rempli, que j'ai fait précéder mes tarifs d'une instruction sur la manière de mesurer le bois de débit ou les planches et de les cuber tant en anciennes qu'en nouvelles mesures, soit à la plume, soit avec les tarifs. Je les ai redigés dans la même forme que ceux des bois carrés ou de charpente et des bois ronds, mais cependant avec cette différence que dans les tarifs du bois de débit, les longueurs du bois sont de *pied en pied*, les largeurs de *pouce en pouce* et les epaisseurs de 3 *lignes en* 3 *lignes*. Ainsi, on trouvera dans ces tarifs les dimensions et les réductions des planches *en mesures métriques* en regard des anciennes, afin que, d'un coup d'œil, on puisse facilement saisir le rapport des anciennes aux nouvelles mesures et réciproquement. Ils donnent près de deux mille cubes de cette espèce de bois, depuis une planche de 3 pouces de large sur

6 lignes d'épaisseur (81 à 13 millimètres) jusqu'à celle de 18 pouces de largeur sur 26 lignes d'épaisseur (487 à 81 millimètres).

Je ferai observer que pour ne pas me répéter inutilement, j'ai cru devoir renvoyer pour quelques explications aux *Nouveaux tarifs des bois carrés* ou *de charpente* et *du bois de chauffage ou de feu*, etc., même au *Traité du cubage des bois*, sur-tout en ce qui concerne les mesures de solidité et la manière de mesurer les bois, tant dans les scieries que dans les chantiers et les ports.

Je terminerai par dire que ces nouveaux tarifs du cubage des planches seront très-commodes non-seulement à ceux qui possèdent l'arithmétique, par la facilité et l'abréviation qu'ils y trouveront pour cuber plus de bois en une demi-heure qu'ils ne feraient autrement en trois ou quatre heures ; mais encore qu'ils seront très-utiles, et même indispensables à ceux qui ignorent cette science ; car les tarifs présentant toujours en regard les dimensions et les cubes des *planches* en anciennes et nouvelles mesures, ils pourront s'assurer par eux-mêmes du produit d'un chantier en très-peu de minutes, et réduire ainsi des mémoires de menuiserie aussi facilement qu'un bon arithméticien, pourvu qu'ils sachent seulement faire une addition. P. E. H.

TABLE DES MATIERES.

INSTRUCTION

Sur la manière de mesurer le bois de débit ou les planches.

Le bois de débit, ou les planches se mesurait autrefois dans les scieries et les chantiers, au *pied*, comme les bois carrés et les bois ronds ; mais avec cette différence que tout ce qui n'avait pas le *pied plein* sur les longueurs, le *pouce plein* sur les largeurs, et *trois lignes pleines* sur les épaisseurs, ne comptait pour *rien*.

Aujourd'hui les planches, ou le bois de débit, comme toutes les autres espèces de bois, se mesurent dans les scieries et dans les chantiers au *mètre*, avec aussi une différence, mais beaucoup moins considérable qu'avant la mise en activité du nouveau système des poids et mesures.

Dans les scieries, on mesure la longueur des planches en *mètres*, et l'excédent des mètres en *double décimètre* (7 pouces 4 lignes $\frac{659}{1000}$), la largeur en *double centimètre* (8 lignes $\frac{866}{1000}$), et l'épaisseur en 6 *milli-*

mètres (2 lignes $\frac{660}{1000}$); de sorte que tout ce qui n'a pas le *double décimètre plein* sur les longueurs, le *double centimètre plein* sur les largeurs et 6 *millimètres* sur les épaisseurs, se néglige absolument.

Mais dans les chantiers il n'en est pas tout-à-fait de même; 11 centimètres (4 pouces $\frac{763}{1000}$) comptent pour un *double décimètre* (7 pouces 4 lignes $\frac{659}{1000}$), et 11 millimètres (4 lignes $\frac{876}{1000}$) sur les largeurs, pour un *double centimètre* (8 lignes $\frac{866}{1000}$), en négligeant de compter tout ce qui se trouve au-dessous de ces quantités. Les épaisseurs se comptent de même en 6 millimètres (2 lignes $\frac{660}{1000}$) (1).

Je passe actuellement aux différentes méthodes employées pour cuber à la plume les bois de débit ou les planches, d'après les anciennes mesures.

---

(1) Les observations qui résultent de la manière actuelle de mesurer les bois carrés ou de charpente, s'appliquent également à la mesure des bois de débit ou de planches. (*Voyez* ce que j'en ai dit page 19.)

Manière de cuber ou de faire à la plume la réduction des planches, suivant les anciennes mesures.

Les bois de débit, ou les planches, se comptaient anciennement au *cent de planches*. On appelait une *planche* la pièce de bois qui avait 6 pieds de long sur 10 pouces de largeur et 12 lignes d'épaisseur, ou 1,244,160 lignes cubes, ou 720 pouces cubes, ou encore 10 pouces réduits de la pièce de charpente.

Ainsi, pour connaître le nombre de planches contenu dans une pièce de bois, on était obligé de réduire successivement en lignes les longueur, largeur et épaisseur, ensuite de multiplier ces trois produits l'un par l'autre, et de diviser le dernier par le nombre de lignes cubes, valeur d'une planche réduite : le quotient donnait alors le nombre de planches contenu dans la pièce de bois dont il s'agissait.

EXEMPLE.

Soit une pièce de bois de 9 pieds de long sur 14 pouces de largeur et 21 lignes d'épaisseur, dont on demande le cube en planches réduites.

Il faut d'abord réduire les 9 pieds et les 14 pouces

en lignes, ce qui donne 1296 lignes pour les 9 pieds et 168 lignes pour les 14 pouces; multiplier ensuite 1296 lignes, longueur de la pièce, par 168 lignes, sa largeur, et le produit 217,728 lignes carées par 21 lignes, épaisseur de la pièce, ce qui donne 4,572,288 lignes cubes, que l'on divise par 1,244,160 lignes cubes, valeur d'une planche réduite, et dont le quotient (3 planches 67 centièmes) est le cube ou le nombre de planches réduites contenu dans la pièce de bois dont il s'agit, ayant 9 pieds de long sur 14 pouces de largeur et 21 lignes d'épaisseur.

Mais comme cette opération est très-longue, les marchands de bois la font très-rarement, et ils se bornent à calculer seulement les longueurs, sans faire attention aux largeurs et épaisseurs; et comme le cent de planches contient 600 pieds, lorsqu'il les ont obtenus, leur opération est terminée, ne se mettant nullement en peine de la largeur ni de l'épaisseur, qu'ils ne considèrent que pour fixer le prix du cent de planches. Plusieurs même forment ce qu'ils appellent un *lot de planches*, c'est-à-dire un cent de planches de différentes largeurs et épaisseurs; et pourvu qu'il contienne les 600 pieds de longueur, ils bornent à cette seule opération le cubage des bois de débit ou des planches; mais on sent combien une pareille méthode de mesurer et de vendre cette espèce de bois est sujette à erreur, et même arbitraire, faisant observer à cet égard que si l'usage l'a tolérée jusqu'à ce jour, c'est qu'il n'existait pas, comme pour les bois carrés ou de charpente et les bois ronds, de tarifs qui abrégeassent la longueur des calculs que l'on est obligé de faire pour obtenir le cubage du bois de débit, ce qui m'a déterminé à en composer, croyant par là rendre service à tous les marchands de bois et aux personnes qui le mettent en œuvre.

Cependant la première opération peut se faire d'une manière plus abrégée; en effet, on peut se contenter de réduire en pouces la longueur de la planche, de la multiplier par les pouces de la largeur, et ce produit par les lignes de l'épaisseur réduite en pouces, et diviser ensuite ce dernier produit par 720, nombre de pouces cubes, valeur d'une planche réduite. Le quotient donnera alors le cube ou le nombre de planches réduites, contenu dans la pièce de bois qu'il s'agit de cuber en anciennes mesures.

EXEMPLE.

On demande combien il y a de planches réduites dans une pièce de bois de 9 pieds de long sur 14 pouces de largeur et 21 lignes d'épaisseur.

Or, faisant l'application de la méthode abrégée ci-dessus, il faut réduire en pouces les 9 pieds, longueur de la pièce, ce qui donne 108 pouces, que l'on multiplie par 14 pouces, largeur du bois et le produit 1512 pouces carrés, par 1 pouce 9 lignes, épaisseur de ce bois, ce qui donne 2646 pouces cubes, que l'on divise par 720 pouces cubes, valeur d'une planche réduite; le quotient 3 planches 67 centièmes est alors le nombre de planches et de centièmes réduits cherché et contenu dans la pièce dont il s'agit.

Manière de cuber ou de faire à la plume la réduction des planches, suivant les nouvelles mesures ou le calcul décimal.

Pour connaître, d'après les nouvelles mesures ou le calcul décimal, le cube d'une planche, il faut, ainsi que je l'ai dit pour les bois carrés, multiplier la longueur de la planche par la largeur et le produit de cette multiplication par l'épaisseur : le résultat de ces deux opérations donne le cube de la planche; mais il faut avoir bien soin, je le répète, de retrancher ou d'ajouter dans le produit des multiplications autant de chiffres décimaux qu'il y en a dans les facteurs, ainsi que je l'ai fait observer, page 24, pour le cubage des bois carrés ou de charpente.

EXEMPLE.

On desire connaître le cube d'une planche de 2 mètres 92 centimètres de longueur sur 330 millimètres de largeur et 47 millimètres d'épaisseur.

En suivant la formule indiquée ci-dessus, il faut multiplier les 2 mètres 92 centimètres par 380 millimètres, puis le produit par 47 millimètres.

OPÉRATION.

Je multiplie . . . . 2,92, longueur de la planche,
par . . . . 0,380 largeur.

23360
876

Premier produit. . . . 1,10960 qu'il faut multiplier
par . . . . 0,047 épaisseur de la pl.

776720
443840

Second produit. 0,0521,5120 qui est le cube de la planche en nouvelles mesures.

Donc 2,92 × 0,380 × 0,047 = 0,05215120, cube cherché, ou 521 dix millistères, en supprimant les quatre derniers chiffres vers la droite, ainsi que je l'ai expliqué, page 24, dans l'instruction sur la manière de cuber à la plume les bois carrés suivant les nouvelles mesures ou le calcul décimal, et à laquelle je renvoie pour ne pas répéter ici ce que j'ai dit à cet égard.

Ainsi en faisant l'opération ci-dessus, on voit que

j'ai considéré les nombres 2,92, 0,380 et 0,047 comme des nombres entiers, sans avoir aucun égard à la virgule qui sépare les unités des fractions décimales, mais que j'ai eu soin de tenir compte de ces fractions, puisque j'ai retranché *cinq chiffres* vers la droite dans le premier produit, parce qu'il y avait *cinq chiffres décimaux* dans les facteurs, et que j'ai, au contraire, ajouté deux zéros vers la gauche au second produit, parce qu'il n'y avait que sept chiffres, et cependant *huit chiffres décimaux* aux facteurs, afin de rendre ainsi ce dernier produit égal au véritable produit des deux derniers facteurs, puisque le produit d'une multiplication décimale doit toujours présenter autant de chiffres décimaux qu'il y en a aux différens facteurs.

Après avoir donné l'explication des méthodes de cuber ou de faire à la plume les réductions du bois de débit ou des planches, suivant les anciennes et les nouvelles mesures, ou le calcul décimal, il me reste maintenant à parler de la manière de se servir des tarifs pour l'une et l'autre de ces mesures.

Manière de se servir des tarifs pour cuber les bois de débit ou les planches, suivant les anciennes mesures.

Lorsque l'on veut cuber, par le moyen des tarifs, une pièce de bois de débit ou une planche, suivant les anciennes mesures, il faut d'abord avoir soin d'examiner le titre de chaque tarif (il y en a quatre par page) qui indique la largeur en pouces et l'épaisseur en lignes du bois que l'on veut cuber; que la première colonne de chaque tarif donne la longueur en pieds du bois depuis 1 jusqu'à 10 pieds, et que la troisième colonne indique le nombre de planches et de centièmes réduits contenu dans ce bois, ainsi qu'il est expliqué en tête de chaque colonne.

Je dois faire observer que j'ai préféré donner l'évaluation en *centièmes*, au lieu de pouces et de lignes, comme *Desclos* l'a fait dans ses tarifs du bois carré, du reste des planches réduites, parce qu'aujourd'hui le calcul décimal étant généralement en usage, j'ai pensé qu'il serait plus commode et beaucoup plus facile de présenter ces fractions d'après ce système, qui offre bien moins de difficultés dans les calculs qu'en suivant les anciennes mesures, et que d'ailleurs l'usage n'ayant rien consacré à cet égard, j'étais le maître de choisir la méthode la plus simple, la plus abrégée et qui présente un plus grand rapprochement.

Un exemple va faciliter l'intelligence de ce que je viens de dire sur la manière de se servir des tarifs.

EXEMPLE.

Soit une pièce de bois de 14 pouces à 21 lignes de grosseur sur 9 pieds de long, dont on veut connaître le cube ou le nombre de planches réduites qu'il contient.

On cherche d'abord en tête du tarif le nombre de 14 pouces à 21 lignes, et ensuite dans la première colonne du même tarif, le nombre 9 pieds, sur la ligne duquel on trouvera dans la troisième colonne 3.67 ou 3 planches 67 centièmes, qui est le cube cherché ou le nombre de planches et de centièmes réduits que contient la pièce de bois dont il s'agit, et ainsi des autres.

Mais je ferai remarquer que quoique je n'aie porté les tarifs que jusqu'à 10 pieds de longueur, qui est la plus grande que l'on donne ordinairement au bois de débit, on pourra cependant se servir des mêmes tarifs pour cuber ce bois à telle longueur que l'on voudra. En effet, lorsqu'une pièce de bois aura une longueur trop grande pour pouvoir être cubée en une seule fois avec les tarifs, on devra alors la cuber en plusieurs fois, ainsi que je l'ai expliqué, page 28, pour les bois carrés ou de charpente.

EXEMPLE.

Soit une pièce de bois de 14 pouces à 21 lignes de grosseur sur 20 pieds de longueur, dont on veut connaître le cube ou le nombre de planches réduites qu'elle contient.

On commencera par chercher, ainsi que je viens de le dire plus haut, le nombre 14 pouces à 21 lignes en tête du tarif, ensuite dans la première colonne du même tarif le nombre 10 pieds; l'on trouvera sur la même ligne et dans la troisième colonne 4.08 ou 4 planches 8 centièmes; mais ce cube n'étant que celui d'une pièce de bois de 10 pieds de long sur 14 pouces à 21 lignes de grosseur, on y ajoutera encore le cube d'une autre pièce également de 10 pieds de long, et réunissant ces deux cubes, on aura pour total 8.16 ou 8 planches 16 centièmes réduits, qui est le cube en anciennes mesures de la pièce de bois dont il s'agit, ou le nombre de planches et centièmes réduits qu'elle contient, et ainsi des autres.

Manière de se servir des tarifs pour avoir l'évaluation en nouvelles mesures du cube du bois de débit, ou des planches, dont les dimensions sont exprimées en anciennes mesures.

Lorsqu'on veut avoir l'évaluation en nouvelles mesures du cube du bois de débit, ou des planches, dont la longueur, la largeur et l'épaisseur sont données en anciennes mesures, il faut de même faire attention de chercher, ainsi que je l'ai dit, en tête des tarifs le nombre de pouces et de lignes qui indique la grosseur du bois; ensuite dans la première colonne de ce tarif la longueur de ce bois, et sur la même ligne et dans la quatrième colonne on trouvera l'évaluation, en nouvelles mesures, du cube du bois dont il s'agit.

EXEMPLE.

Soit une pièce de bois de 9 pieds de longueur sur 14 pouces à 21 lignes de grosseur, dont on demande le cube en nouvelles mesures.

On cherchera d'abord en tête du tarif, je le répète, le nombre 14 pouces à 21 lignes, ensuite dans la première colonne le nombre 9, sur la ligne duquel on trouvera dans la quatrième colonne le nombre 0.0524; ce qui signifie 524 dix millistères, qui est le cube cherché, en nouvelles mesures, de la pièce de bois dont il s'agit, et ainsi des autres.

De même l'on conçoit que si la pièce de bois avait des dimensions trop fortes pour pouvoir être cubée en une seule fois en nouvelles mesures avec les tarifs, on ferait alors la même opération que j'ai indiquée ci-dessus pour les anciennes mesures, c'est-à-dire, qu'on la cuberait en plusieurs fois.

Manière de se servir des tarifs pour cuber le bois de débit, ou les planches, suivant les nouvelles mesures ou le calcul décimal.

Pour cuber, par le moyen des tarifs, une pièce de bois de débit ou les planches, suivant les nouvelles mesures ou le calcul décimal, il faut également toujours chercher en tête des tarifs le nombre de millimètres qui exprime la grosseur du bois; ensuite dans la seconde colonne du même tarif le nombre de centimètres qui indique la longueur de ce bois, et enfin dans la quatrième colonne, et sur la même ligne, on trouvera le nombre de stères et de ses fractions qui donne le cube du bois dont il s'agit.

EXEMPLE.

Soit une pièce de bois de 0,379 à 0,047 millimètres de grosseur sur 2,92 centimètres de longueur, dont on veut connaître le cube.

On cherchera d'abord en tête du tarif le nombre 0,379 à 0,047 millimètres, ensuite dans la seconde colonne, celle des mètres, le nombre 2,92 centimètres, sur la ligne duquel on trouvera, dans la quatrième colonne, le nombre 0,0524, ce qui signifie 524 dix millistères, qui est le cube cherché en nouvelles mesures, de la pièce de bois dont il s'agit.

De même, je le répète, si la pièce de bois avait des dimensions trop fortes pour pouvoir être cubée en une seule fois, en nouvelles mesures, avec les tarifs, on ferait dans ce cas l'opération que j'ai indiquée plus haut pour les anciennes mesures, c'est-à-dire, qu'on la cuberait en plusieurs fois.

Manière de réduire, en stères le nombre total de planches et centièmes réduits, d'un mémoire de menuiserie.

Pour la plus grande facilité des marchands de bois et autres personnes qui mettent en œuvre le bois de débit, j'ai donné, ainsi que je l'ai fait pour les pièces, pouces et lignes réduits des bois carrés, deux tarifs pour la réduction en stères, et parties décimales du stère, des planches et centièmes réduits, afin qu'on pût aisément et promptement faire, par une simple addition, la réduction en nouvelles mesures du total d'un mémoire de menuiserie calculé en anciennes mesures.

EXEMPLE.

On desire évaluer en nouvelles mesures le total d'un mémoire de menuiserie s'élevant à 176 planches 75 centièmes réduits.

On cherchera d'abord, dans la colonne du tarif de la réduction des planches en stères, le nombre 100 planches; on trouvera qu'il donne . . . 1.4282

Cherchant ensuite dans la colonne du même tarif le nombre 76 planches, on trouvera. 1.0854

Puis dans le tarif de la réduction des centièmes en stères, le nombre 75 centièmes, on aura. 0.0107

Faisant ensuite l'addition de ces différens nombres, on trouvera que les 176 planches 75 centièmes réduits du bois de débit donnent en nouvelles mesures. . . . . 2.5243 dix millistères ou 2 stères 524 millistères, en supprimant le dernier chiffre, ou encore 25 décistères, ou nouvelles solives, 243 millistères, et ainsi des autres quantités de planches et de centièmes réduits de bois de débit que l'on voudra évaluer en nouvelles mesures.

Mais comme le tarif de réduction des planches en stères ne donne cette réduction que jusqu'à 100 planches, et que quelques personnes pourraient être embarrassées si elles avaient à réduire un mémoire de menuiserie dont le total s'élèverait au-delà de 200 planches, je renvoie à ce que j'ai dit plus haut à cet égard, pour la réduction des bois carrés, sur la manière de se servir du même tarif, à tel nombre de pièces que puisse s'élever un mémoire de charpente, puisque l'explication que j'en ai donnée s'applique de même au tarif des planches, et que ce serait me répéter inutilement.

Il en est de même de ce que j'ai dit, pages 40, 42 et 47 de la manière de se servir des tarifs pour connaître à tant le cent combien la pièce, le pouce et le décistère, ou nouvelle solive, du bois carré, et combien à tant le cent une quantité quelconque, qui s'applique également au tarif pour connaître, à tant le cent, combien la planche, le centième réduit et le décistère ou nouvelle solive du bois de débit, ce qui me dispense de donner une nouvelle explication à ce sujet.

TARIFS

POUR LE CUBAGE DU BOIS DE DÉBIT,

OU DES PLANCHES,

EN ANCIENNES ET NOUVELLES MESURES.

De 3 pouces à 6 lignes = 0.081 à 0.013 mil.

Longueur du bois en Pieds.	Longueur du bois en Mètres.	Cube en Planches.	Cube en Stères.
1	0.32	0.02	0.0003
2	0.65	0.05	0.0007
3	0.97	0.07	0.0010
4	1.30	0.10	0.0014
5	1.62	0.12	0.0017
6	1.95	0.15	0.0021
7	2.27	0.17	0.0024
8	2.60	0.20	0.0028
9	2.92	0.22	0.0031
10	3.25	0.25	0.0036

De 3 pouces à 15 lig. = 0.081 à 0.034 mil.

Longueur du bois en Pieds.	Longueur du bois en Mètres.	Cube en Planches.	Cube en Stères.
1	0.32	0.06	0.0008
2	0.65	0.12	0.0017
3	0.97	0.19	0.0027
4	1.30	0.25	0.0036
5	1.62	0.31	0.0044
6	1.95	0.37	0.0053
7	2.27	0.44	0.0063
8	2.60	0.50	0.0071
9	2.92	0.56	0.0079
10	3.25	0.62	0.0088

De 3 pouces à 12 lig. = 0.081 à 0.027 mil.

Pieds.	Mètres.	Planches.	Stères.
1	0.32	0.05	0.0007
2	0.65	0.10	0.0014
3	0.97	0.15	0.0021
4	1.30	0.20	0.0028
5	1.62	0.25	0.0035
6	1.95	0.30	0.0042
7	2.27	0.35	0.0050
8	2.60	0.40	0.0057
9	2.92	0.45	0.0064
10	3.25	0.50	0.0071

De 3 pouces à 18 lig. = 0.081 à 0.041 mil.

Pieds.	Mètres.	Planches.	Stères.
1	0.32	0.07	0.0010
2	0.65	0.15	0.0021
3	0.97	0.22	0.0031
4	1.30	0.30	0.0043
5	1.62	0.37	0.0053
6	1.95	0.45	0.0064
7	2.27	0.52	0.0074
8	2.60	0.60	0.0186
9	2.92	0.67	0.0196
10	3.25	0.75	0.0107

De 3 pouces à 21 lig. = 0.081 à 0.047 mil.

Longueur du bois en Pieds.	Longueur du bois en Mètres.	Cube en Planches.	Cube en Stères.
1	0.32	0.09	0.0013
2	0.65	0.17	0.0024
3	0.97	0.26	0.0037
4	1.30	0.35	0.0050
5	1.62	0.44	0.0063
6	1.95	0.52	0.0074
7	2.27	0.61	0.0087
8	2.60	0.70	0.0100
9	2.92	0.79	0.0113
10	3.25	0.87	0.0124

De 3 pouces à 27 lig. = 0.081 à 0.061 mil.

Longueur du bois en Pieds.	Longueur du bois en Mètres.	Cube en Planches.	Cube en Stères.
1	0.32	0.11	0.0016
2	0.65	0.22	0.0031
3	0.97	0.34	0.0048
4	1.30	0.45	0.0064
5	1.62	0.56	0.0080
6	1.95	0.67	0.0096
7	2.27	0.79	0.0113
8	2.60	0.90	0.0128
9	2.92	1.01	0.0144
10	3.25	1.12	0.0160

De 3 pouces à 24 lig. = 0.081 à 0.054 mil.

Pieds.	Mètres.	Planches.	Stères.
1	0.32	0.10	0.0014
2	0.65	0.20	0.0028
3	0.97	0.30	0.0043
4	1.30	0.40	0.0057
5	1.62	0.50	0.0071
6	1.95	0.60	0.0086
7	2.27	0.70	0.0100
8	2.60	0.80	0.0114
9	2.92	0.90	0.0128
10	3.25	1.00	0.0143

De 3 pouces à 30 lig. = 0.081 à 0.068 mil.

Pieds.	Mètres.	Planches.	Stères.
1	0.32	0.12	0.0017
2	0.65	0.24	0.0034
3	0.97	0.36	0.0051
4	1.30	0.48	0.0068
5	1.62	0.60	0.0086
6	1.95	0.72	0.0103
7	2.27	0.84	0.0120
8	2.60	0.96	0.0137
9	2.92	1.08	0.0154
10	3.25	1.20	0.0170

De 3 pouces à 33 lig. = 0.031 à 0.074 mil.				De 4 pouces à 6 lig. = 0.108 à 0.013 mil.			
Longueur du bois en		Cube en		Longueur du bois en		Cube en	
Pieds.	Mètres.	Planches.	Stères.	Pieds.	Mètres.	Planches.	Stères.
1	0.32	0.14	0.0020	1	0.32	0.03	0.0004
2	0.65	0.27	0.0038	2	0.65	0.07	0.0010
3	0.97	0.41	0.0058	3	0.97	0.10	0.0014
4	1.30	0.55	0.0078	4	1.30	0.13	0.0018
5	1.62	0.69	0.0098	5	1.62	0.17	0.0024
6	1.95	0.82	0.0117	6	1.95	0.20	0.0028
7	2.27	0.96	0.0137	7	2.27	0.23	0.0033
8	2.60	1.10	0.0157	8	2.60	0.27	0.0038
9	2.92	1.24	0.0177	9	2.92	0.30	0.0043
10	3.25	1.37	0.0196	10	3.25	0.33	0.0047
De 3 pouces à 56 lig. = 0.081 à 0.081 mil.				De 4 pouces à 12 lig. = 0.108 à 0.027 mil.			
1	0.32	0.15	0.0021	1	0.32	0.07	0.0010
2	0.65	0.30	0.0043	2	0.65	0.13	0.0018
3	0.97	0.45	0.0064	3	0.97	0.20	0.0028
4	1.30	0.60	0.0086	4	1.30	0.27	0.0038
5	1.62	0.75	0.0107	5	1.62	0.33	0.0047
6	1.95	0.90	0.0128	6	1.95	0.40	0.0057
7	2.27	1.05	0.0150	7	2.27	0.47	0.0067
8	2.60	1.20	0.0171	8	2.60	0.53	0.0076
9	2.92	1.35	0.0193	9	2.92	0.60	0.0086
10	3.25	1.50	0.0214	10	3.25	0.67	0.0096

De 4 pouces à 15 lig. = 0.108 à 0.034 mil.

Longueur du bois en Pieds.	Mètres.	Cube en Planches.	Stères.
1	0.32	0.08	0.0011
2	0.65	0.17	0.0024
3	0.97	0.25	0.0036
4	1.30	0.33	0.0047
5	1.62	0.42	0.0060
6	1.95	0.50	0.0071
7	2.27	0.58	0.0083
8	2.60	0.67	0.0096
9	2.92	0.75	0.0107
10	3.25	0.83	0.0118

De 4 pouces à 21 lig. = 0.108 à 0.047 mil.

Longueur du bois en Pieds.	Mètres.	Cube en Planches.	Stères.
1	0.32	0.12	0.0017
2	0.65	0.23	0.0033
3	0.97	0.35	0.0050
4	1.30	0.47	0.0067
5	1.62	0.58	0.0083
6	1.95	0.70	0.0100
7	2.27	0.82	0.0117
8	2.60	0.93	0.0133
9	2.92	1.05	0.0150
10	3.25	1.17	0.0167

De 4 pouces à 18 lig. = 0.108 à 0.041 mil.

Pieds.	Mètres.	Planches.	Stères.
1	0.32	0.10	0.0014
2	0.65	0.20	0.0028
3	0.97	0.30	0.0043
4	1.30	0.40	0.0057
5	1.62	0.50	0.0071
6	1.95	0.60	0.0086
7	2.27	0.70	0.0100
8	2.60	0.80	0.0114
9	2.92	0.90	0.0128
10	3.25	1.00	0.0143

De 4 pouces à 24 lig. = 0.108 à 0.054 mil.

Pieds.	Mètres.	Planches.	Stères.
1	0.32	0.13	0.0018
2	0.65	0.27	0.0038
3	0.97	0.40	0.0057
4	1.30	0.53	000076
5	1.62	0.67	0.0096
6	1.95	0.80	0.0114
7	2.27	0.93	0.0133
8	2.60	1.07	0.0153
9	2.92	1.20	0.0171
10	3.25	1.33	0.0190

De 4 pouces à 27 lig. = 0.108 à 0.061 mil.			
Longueur du bois en		Cube en [illegible]	
Pieds.	Mètres.	Planches.	Stères.
1	0.32	0.15	0.0021
2	0.65	0.30	0.0043
3	0.97	0.45	0.0064
4	1.30	0.60	0.0086
5	1.62	0.75	0.0107
6	1.95	0.90	0.0128
7	2.27	1.05	0.0150
8	2.60	1.20	0.0171
9	2.92	1.35	0.0193
10	3.25	1.50	0.0214

De 4 pouces à 33 lig. = 0.108 à 0.074 mil.			
Longueur du bois en		Cube en [illegible]	
Pieds.	Mètres.	Planches.	Stères.
1	0.32	0.18	0.0026
2	0.65	0.37	0.0053
3	0.97	0.55	0.0078
4	1.30	0.73	0.0104
5	1.62	0.92	0.0131
6	1.95	1.10	0.0157
7	2.27	1.28	0.0183
8	2.60	1.47	0.0210
9	2.92	1.65	0.0236
10	3.25	1.83	0.0261

De 4 pouces à 30 lig. = 0.108 à 0.068 mil.			
1	0.32	0.17	0.0024
2	0.65	0.33	0.0047
3	0.97	0.50	0.0071
4	1.30	0.67	0.0096
5	1.62	0.83	0.0118
6	1.95	1.00	0.0143
7	2.27	1.17	0.0167
8	2.60	1.33	0.0190
9	2.92	1.50	0.0214
10	3.25	1.67	0.0238

De 4 pouces à 36 lig. = 0.108 à 0.081 mil.			
1	0.32	0.20	0.0028
2	0.65	0.40	0.0057
3	0.97	0.60	0.0086
4	1.30	0.80	0.0114
5	1.62	1.00	0.0143
6	1.95	1.20	0.0171
7	2.27	1.40	0.0200
8	2.60	1.60	0.0228
9	2.92	1.80	0.0257
10	3.25	2.00	0.0286

De 5 pouces à 6 lig. = 0.135 à 0.013 mil.

Longueur du bois en Pieds.	Mètres.	Cube en Planches.	Stères.
1	0.32	0.04	0.0006
2	0.65	0.08	0.0011
3	0.97	0.12	0.0017
4	1.30	0.17	0.0024
5	1.62	0.21	0.0030
6	1.95	0.25	0.0036
7	2.27	0.29	0.0041
8	2.60	0.33	0.0047
9	2.92	0.37	0.0053
10	3.25	0.42	0.0060

De 5 pouces à 15 lig. = 0.135 à 0.034 mil.

Longueur du bois en Pieds.	Mètres.	Cube en Planches.	Stères.
1	0.32	0.10	0.0014
2	0.65	0.21	0.0030
3	0.97	0.31	0.0044
4	1.30	0.42	0.0060
5	1.62	0.52	0.0074
6	1.95	0.62	0.0088
7	2.27	0.73	0.0104
8	2.60	0.83	0.0118
9	3.92	0.94	0.0134
10	3.25	1.04	0.0148

De 5 pouces à 12 lig. = 0.135 à 0.027 mil.

Pieds.	Mètres.	Planches.	Stères.
1	0.32	0.08	0.0011
2	0.65	0.17	0.0024
3	0.97	0.25	0.0036
4	1.30	0.33	0.0047
5	1.62	0.42	0.0060
6	1.95	0.50	0.0071
7	2.27	0.58	0.0083
8	2.60	0.67	0.0096
9	2.92	0.75	0.0107
10	3.25	0.83	0.0118

De 5 pouces à 18 lig. = 0.135 à 0.041 mil.

Pieds.	Mètres.	Planches.	Stères.
1	0.32	0.12	0.0017
2	0.65	0.24	0.0034
3	0.97	0.36	0.0051
4	1.30	0.48	0.0068
5	1.62	0.60	0.0086
6	1.95	0.72	0.0103
7	2.27	0.84	0.0120
8	2.60	0.96	0.0137
9	2.92	1.08	0.0154
10	3.25	1.20	0.0171

De 5 pouces à 21 lig. = 0.135 à 0.047 mil.

Longueur du bois en		Cube en	
Pieds.	Mètres.	Planches.	Stères.
1	0.32	0.14	0.0020
2	0.65	0.29	0.0041
3	0.97	0.44	0.0063
4	1.30	0.58	0.0083
5	1.62	0.73	0.0104
6	1.95	0.87	0.0124
7	2.27	1.02	0.0146
8	2.60	1.16	0.0166
9	2.92	1.31	0.0187
10	3.25	1.46	0.0208

De 5 pouces à 27 lig. = 0.135 à 0.061 mil.

Longueur du bois en		Cube en	
Pieds.	Mètres.	Planches.	Stères.
1	0.32	0.19	0.0027
2	0.65	0.37	0.0053
3	0.97	0.56	0.0080
4	1.30	0.75	0.0107
5	1.62	0.94	0.0134
6	1.95	1.12	0.0160
7	2.27	1.31	0.0187
8	2.60	1.50	0.0214
9	2.92	1.69	0.0241
10	3.25	1.87	0.0267

De 5 pouces à 24 lig. = 0.135 à 0.054 mil.

Pieds.	Mètres.	Planches.	Stères.
1	0.32	0.17	0.0024
2	0.65	0.33	0.0047
3	0.97	0.50	0.0071
4	1.30	0.67	0.0096
5	1.62	0.83	0.0118
6	1.95	1.00	0.0143
7	2.27	1.17	0.0167
8	2.60	1.33	0.0190
9	2.92	1.50	0.0214
10	3.25	1.67	0.0238

De 5 pouces à 30 lig. = 0.135 à 0.068 mil.

Pieds.	Mètres.	Planches.	Stères.
1	0.32	0.21	0.0030
2	0.65	0.42	0.0060
3	0.97	0.62	0.0088
4	1.30	0.83	0.0118
5	1.62	1.04	0.0158
6	1.95	1.25	0.0178
7	2.27	1.46	0.0208
8	2.60	1.67	0.0238
9	2.92	1.87	0.0267
10	3.25	2.08	0.0297

De 5 pouces à 33 lig. = 0.135 à 0.074 mil.				De 6 pouces à 6 lig. = 0.162 à 0.013 mil.			
Longueur du bois en		Cube en		Longueur du bois en		Cube en	
Pieds.	Mètres.	Planches.	Stères.	Pieds.	Mètres.	Planches.	Stères.
1	0.32	0.23	0.0033	1	0.32	0.05	0.0007
2	0.65	0.46	0.0066	2	0.65	0.10	0.0014
3	0.97	0.69	0.0098	3	0.97	0.15	0.0021
4	1.30	0.92	0.0131	4	1.30	0.20	0.0028
5	1.62	1.14	0.0163	5	1.62	0.25	0.0036
6	1.95	1.37	0.0196	6	1.95	0.30	0.0043
7	2.27	1.60	0.0228	7	2.27	0.35	0.0050
8	2.60	1.83	0.0261	8	2.60	0.40	0.0057
9	2.92	2.06	0.0294	9	2.92	0.45	0.0064
10	3.25	2.29	0.0327	10	3.25	0.50	0.0071

De 5 pouces à 36 lig. = 0.135 à 0.081 mil.				De 6 pouces à 12 lig. = 0.162 à 0.027 mil.			
1	0.32	0.25	0.0036	1	0.32	0.10	0.0014
2	0.65	0.50	0.0071	2	0.65	0.20	0.0028
3	0.97	0.75	0.0107	3	0.97	0.30	0.0043
4	1.30	1.00	0.0143	4	1.30	0.40	0.0057
5	1.62	1.25	0.0178	5	1.62	0.50	0.0071
6	1.95	1.50	0.0214	6	1.95	0.60	0.0086
7	2.27	1.75	0.0250	7	2.27	0.70	0.0100
8	2.60	2.00	0.0286	8	2.60	0.80	0.0114
9	2.92	2.25	0.0321	9	2.92	0.90	0.0128
10	3.25	2.50	0.0357	10	3.25	1.00	0.0143

De 6 pouces à 15 lig. = 0.162 à 0.034 mil.

Longueur du bois en		Cube en	
Pieds.	Mètres.	Planches.	Stères.
1	0.32	0.12	0.0017
2	0.65	0.25	0.0036
3	0.97	0.37	0.0053
4	1.30	0.50	0.0071
5	1.62	0.62	0.0088
6	1.95	0.75	0.0107
7	2.27	0.87	0.0124
8	2.60	1.00	0.0143
9	2.92	1.12	0.0160
10	3.25	1.25	0.0178

De 6 pouces à 21 lig. = 0.162 à 0.047 mil.

Longueur du bois en		Cube en	
Pieds.	Mètres.	Planches.	Stères.
1	0.32	0.17	0.0024
2	0.65	0.35	0.0050
3	0.97	0.52	0.0074
4	1.30	0.70	0.0100
5	1.62	0.87	0.0124
6	1.95	1.05	0.0150
7	2.27	1.22	0.0170
8	2.60	1.40	0.0200
9	2.92	1.57	0.0224
10	3.25	1.75	0.0250

De 6 pouces à 18 lig. = 0.162 à 0.041 mil.

Pieds.	Mètres.	Planches.	Stères.
1	0.32	0.15	0.0021
2	0.65	0.30	0.0043
3	0.97	0.45	0.0064
4	1.30	0.60	0.0086
5	1.62	0.75	0.0107
6	1.95	0.90	0.0128
7	2.27	1.05	0.0150
8	2.60	1.20	0.0171
9	2.92	1.35	0.0193
10	3.25	1.50	0.0214

De 6 pouces à 24 lig. = 0.162 à 0.054 mil.

Pieds.	Mètres.	Planches.	Stères.
1	0.32	0.20	0.0028
2	0.65	0.40	0.0057
3	0.97	0.60	0.0086
4	1.30	0.80	0.0114
5	1.62	1.00	0.0143
6	1.95	1.20	0.0171
7	2.27	1.40	0.0200
8	2.60	1.60	0.0228
9	2.92	1.80	0.0257
10	3.25	2.00	0.0286

De 6 pouces à 27 lig. = 0.162 à 0.061 mil.

Longueur du bois en Pieds.	Longueur du bois en Mètres.	Cube en Planches.	Cube en Stères.
1	0.32	0.22	0.0031
2	0.65	0.45	0.0064
3	0.97	0.67	0.0096
4	1.30	0.90	0.0128
5	1.62	1.12	0.0160
6	1.95	1.35	0.0193
7	2.27	1.57	0.0224
8	2.60	1.80	0.0257
9	2.92	2.02	0.0288
10	3.25	2.25	0.0321

De 6 pouces à 33 lig. = 0.162 à 0.074 mil.

Longueur du bois en Pieds.	Longueur du bois en Mètres.	Cube en Planches.	Cube en Stères.
1	0.32	0.27	0.0038
2	0.65	0.55	0.0078
3	0.97	0.82	0.0117
4	1.30	1.10	0.0157
5	1.62	1.37	0.0196
6	1.95	1.65	0.0236
7	2.27	1.92	0.0274
8	2.60	2.20	0.0314
9	2.92	2.47	0.0353
10	3.25	2.75	0.0393

De 6 pouces à 30 lig. = 0.162 à 0.068 mil.

Pieds.	Mètres.	Planches.	Stères.
1	0.32	0.25	0.0036
2	0.65	0.50	0.0071
3	0.97	0.75	0.0107
4	1.30	1.00	0.0143
5	1.62	1.25	0.0178
6	1.95	1.50	0.0214
7	2.27	1.75	0.0250
8	2.60	2.00	0.0286
9	2.92	2.25	0.0320
10	3.25	2.50	0.0357

De 6 pouces à 36 lig. = 0.162 à 0.081 mil.

Pieds.	Mètres.	Planches.	Stères.
1	0.32	0.30	0.0043
2	0.65	0.60	0.0086
3	0.97	0.90	0.0128
4	1.30	1.20	0.0170
5	1.62	1.50	0.0214
6	1.95	1.80	0.0257
7	2.27	2.10	0.0300
8	2.60	2.40	0.0343
9	2.92	2.70	0.0386
10	3.25	3.00	0.0428

De 7 pouces à 6 lig. = 0.189 à 0.013 mil.				De 7 pouces à 15 lig. = 0.189 à 0.034 mil.			
Longueur du bois en		Cube en		Longueur du bois en		Cube en	
Pieds.	Mètres.	Planches.	Stères.	Pieds.	Mètres.	Planches.	Stères.
1	0.32	0.06	0.0008	1	0.32	0.14	0.0020
2	0.65	0.12	0.0017	2	0.65	0.29	0.0041
3	0.97	0.17	0.0024	3	0.97	0.44	0.0063
4	1.30	0.23	0.0033	4	1.30	0.58	0.0083
5	1.62	0.29	0.0041	5	1.62	0.73	0.0104
6	1.95	0.35	0.0049	6	1.95	0.87	0.0124
7	2.27	0.41	0.0058	7	2.27	1.02	0.0146
8	2.60	0.47	0.0067	8	2.60	1.17	0.0167
9	2.92	0.52	0.0074	9	2.92	1.31	0.0187
10	3.25	0.58	0.0083	10	3.25	1.46	0.0208

De 7 pouces à 12 lig. = 0.189 à 0.027 mil.				De 7 pouces à 18 lig. = 0.189 à 0.041 mil.			
1	0.32	0.12	0.0017	1	0.32	0.17	0.0024
2	0.65	0.23	0.0033	2	0.65	0.35	0.0050
3	0.97	0.35	0.0050	3	0.97	0.52	0.0074
4	1.30	0.47	0.0067	4	1.30	0.70	0.0100
5	1.62	0.58	0.0083	5	1.62	0.87	0.0124
6	1.95	0.70	0.0100	6	1.95	1.05	0.0150
7	2.27	0.82	0.0117	7	2.27	1.22	0.0174
8	2.60	0.93	0.0133	8	2.60	1.40	0.0200
9	2.92	1.05	0.0150	9	2.92	1.57	0.0224
10	3.25	1.17	0.0167	10	3.25	1.75	0.0250

De 7 pouces à 21 lig. = 0.189 à 0.047 mil.

Longueur du bois en		Cube en	
Pieds.	Mètres.	Planches.	Stères.
1	0.32	0.20	0.0028
2	0.65	0.41	0.0058
3	0.97	0.61	0.0087
4	1.30	0.82	0.0117
5	1.62	1.02	0.0146
6	1.95	1.22	0.0174
7	2.27	1.43	0.0204
8	2.60	1.63	0.0233
9	2.92	1.84	0.0263
10	3.25	2.04	0.0291

De 7 pouces à 27 lig. = 0.189 à 0.061 mil.

Longueur du bois en		Cube en	
Pieds.	Mètres.	Planches.	Stères.
1	0.32	0.26	0.0037
2	0.65	0.52	0.0074
3	0.97	0.79	0.0113
4	1.30	1.05	0.0150
5	1.62	1.31	0.0187
6	1.95	1.57	0.0224
7	2.27	1.84	0.0263
8	2.60	2.10	0.0300
9	2.92	2.36	0.0337
10	3.25	2.62	0.0374

De 7 pouces à 24 lig. = 0.189 à 0.054 mil.

Pieds.	Mètres.	Planches.	Stères.
1	0.32	0.25	0.0033
2	0.65	0.47	0.0067
3	0.97	0.70	0.0100
4	1.30	0.93	0.0133
5	1.62	1.17	0.0167
6	1.95	1.40	0.0200
7	2.27	1.63	0.0233
8	2.60	1.87	0.0267
9	2.92	2.10	0.0300
10	3.25	2.33	0.0333

De 7 pouces à 30 lig. = 0.189 à 0.068 mil.

Pieds.	Mètres.	Planches.	Stères.
1	0.32	0.29	0.0041
2	0.65	0.58	0.0083
3	0.97	0.87	0.0124
4	1.30	1.17	0.0167
5	1.62	1.46	0.0208
6	1.95	1.75	0.0250
7	2.27	2.04	0.0291
8	2.60	2.33	0.0333
9	2.92	2.62	0.0374
10	3.25	2.92	0.0417

De 7 pouces à 33 lig. = 0.189 à 0.074 mil.				De 8 pouces à 6 lig. = 0.216 à 0.013 mil.			
Longueur du bois en		Cube en		Longueur du bois en		Cube en	
Pieds.	Mètres.	Planches.	Stères.	Pieds.	Mètres.	Planches.	Stères.
1	0.32	0.32	0.0046	1	0.32	0.06	0.0008
2	0.65	0.64	0.0091	2	0.65	0.13	0.0018
3	0.97	0.96	0.0137	3	0.97	0.20	0.0028
4	1.30	1.28	0.0183	4	1.30	0.27	0.0038
5	1.62	1.60	0.0228	5	1.62	0.33	0.0047
6	1.95	1.92	0.0274	6	1.95	0.40	0.0057
7	2.27	2.24	0.0320	7	2.27	0.47	0.0067
8	2.60	2.57	0.0367	8	2.60	0.53	0.0076
9	2.92	2.89	0.0413	9	2.92	0.60	0.0086
10	3.25	3.21	0.0458	10	3.25	0.67	0.0096

De 7 pouces à 36 lig. = 0.189 à 0.081 mil.				De 8 pouces à 12 lig. = 0.216 à 0.027 mil.			
1	0.32	0.35	0.0050	1	0.32	0.13	0.0018
2	0.65	0.70	0.0100	2	0.65	0.27	0.0038
3	0.97	1.05	0.0150	3	0.97	0.40	0.0057
4	1.30	1.40	0.0200	4	1.30	0.53	0.0076
5	1.62	1.75	0.0250	5	1.62	0.67	0.0096
6	1.95	2.10	0.0300	6	1.95	0.80	0.0114
7	2.27	2.45	0.0350	7	2.27	0.93	0.0133
8	2.60	2.80	0.0400	8	2.60	1.07	0.0152
9	2.92	3.15	0.0450	9	2.92	1.20	0.0171
10	3.25	3.50	0.0500	10	3.25	1.33	0.0190

De 8 pouces à 15 lig. = 0.216 à 0.034 mil.

Longueur du bois en		Cube en	
Pieds.	Mètres.	Planches.	Stères.
1	0.32	0.17	0.0024
2	0.65	0.33	0.0047
3	0.97	0.50	0.0071
4	1.30	0.67	0.0096
5	1.62	0.83	0.0118
6	1.95	1.00	0.0143
7	2.27	1.17	0.0167
8	2.60	1.33	0.0190
9	2.92	1.50	0.0214
10	3.25	1.67	0.0238

De 8 pouces à 21 lig. = 0.216 à 0.047 mil.

Longueur du bois en		Cube en	
Pieds.	Mètres.	Planches.	Stères.
1	0.32	0.23	0.0033
2	0.65	0.47	0.0067
3	0.97	0.70	0.0100
4	1.30	0.93	0.0133
5	1.62	1.17	0.0167
6	1.95	1.40	0.0200
7	2.27	1.63	0.0233
8	2.60	1.87	0.0267
9	2.92	2.10	0.0300
10	3.25	2.33	0.0333

De 8 pouces à 18 lig. = 0.216 à 0.041 mil.

Pieds.	Mètres.	Planches.	Stères.
1	0.32	0.20	0.0028
2	0.65	0.40	0.0057
3	0.97	0.60	0.0086
4	1.30	0.80	0.0114
5	1.62	1.00	0.0143
6	1.95	1.20	0.0171
7	2.27	1.40	0.0200
8	2.60	1.60	0.0228
9	2.92	1.80	0.0257
10	3.25	2.00	0.0286

De 8 pouces à 24 lig. = 0.216 à 0.054 mil.

Pieds.	Mètres.	Planches.	Stères.
1	0.32	0.27	0.0038
2	0.65	0.53	0.0076
3	0.97	0.80	0.0114
4	1.30	1.07	0.0153
5	1.62	1.33	0.0190
6	1.95	1.60	0.0228
7	2.27	1.87	0.0267
8	2.60	2.13	0.0304
9	2.92	2.40	0.0343
10	3.25	2.67	0.0381

De 8 pouces à 27 lig. = 0.216 à 0.061 mil.

Longueur du bois en		Cube en	
Pieds.	Mètres.	Planches.	Stères.
1	0.32	0.30	0.0043
2	0.65	0.60	0.0086
3	0.97	0.90	0.0128
4	1.30	1.20	0.0171
5	1.62	1.50	0.0214
6	1.95	1.80	0.0257
7	2.27	2.10	0.0300
8	2.60	2.40	0.0343
9	2.92	2.70	0.0385
10	3.25	3.00	0.0428

De 8 pouces à 33 lig. = 0.216 à 0.074 mil.

Longueur du bois en		Cube en	
Pieds.	Mètres.	Planches.	Stères.
1	0.32	0.37	0.0053
2	0.65	0.73	0.0104
3	0.97	1.10	0.0157
4	1.30	1.47	0.0210
5	1.62	1.83	0.0261
6	1.95	2.20	0.0314
7	2.27	2.57	0.0367
8	2.60	2.93	0.0418
9	2.92	3.30	0.0471
10	3.25	3.67	0.0524

De 8 pouces à 30 lig. = 0.216 à 0.068 mil.

Pieds.	Mètres.	Planches.	Stères.
1	0.32	0.33	0.0047
2	0.65	0.67	0.0096
3	0.97	1.00	0.0143
4	1.30	1.33	0.0190
5	1.62	1.67	0.0238
6	1.95	2.00	0.0286
7	2.27	2.33	0.0333
8	2.60	2.67	0.0381
9	2.92	3.00	0.0428
10	3.25	3.33	0.0476

De 8 pouces à 36 lig. = 0.216 à 0.081 mil.

Pieds.	Mètres.	Planches.	Stères.
1	0.32	0.40	0.0057
2	0.65	0.80	0.0114
3	0.97	1.20	0.0171
4	1.30	1.60	0.0228
5	1.62	2.00	0.0286
6	1.95	2.40	0.0343
7	2.27	2.80	0.0400
8	2.60	3.20	0.0457
9	2.92	3.60	0.0514
10	3.25	4.00	0.0571

De 9 pouces à 6 lig. = 0.244 à 0.013 mil.

Longueur du bois en		Cube en	
Pieds.	Mètres.	Planches.	Stères.
1	0.32	0.07	0.0010
2	0.65	0.15	0.0021
3	0.97	0.22	0.0031
4	1.30	0.30	0.0043
5	1.62	0.37	0.0053
6	1.95	0.45	0.0064
7	2.27	0.52	0.0074
8	2.60	0.60	0.0086
9	2.92	0.67	0.0096
10	3.25	0.75	0.0107

De 9 pouces à 15 lig. = 0.244 à 0.034 mil.

Longueur du bois en		Cube en	
Pieds.	Mètres.	Planches.	Stères.
1	0.32	0.19	0.0027
2	0.65	0.37	0.0053
3	0.97	0.56	0.0080
4	1.30	0.75	0.0107
5	1.62	0.94	0.0134
6	1.95	1.12	0.0160
7	2.27	1.31	0.0187
8	2.60	1.50	0.0214
9	3.92	1.69	0.0241
10	3.25	1.87	0.0267

De 9 pouces à 12 lig. = 0.244 à 0.027 mil.

Pieds.	Mètres.	Planches.	Stères.
1	0.32	0.15	0.0021
2	0.65	0.30	0.0043
3	0.97	0.45	0.0064
4	1.30	0.60	0.0071
5	1.62	0.75	0.0092
6	1.95	0.90	0.0114
7	2.27	1.05	0.0136
8	2.60	1.20	0.0157
9	2.92	1.35	0.0188
10	3.25	1.50	0.0200

De 9 pouces à 18 lig. = 0.244 à 0.041 mil.

Pieds.	Mètres.	Planches.	Stères.
1	0.32	0.22	0.0031
2	0.65	0.45	0.0064
3	0.97	0.67	0.0096
4	1.30	0.90	0.0128
5	1.62	1.12	0.0160
6	1.95	1.35	0.0193
7	2.27	1.57	0.0224
8	2.60	1.80	0.0257
9	2.92	2.02	0.0288
10	3.25	2.25	0.0321

De 9 pouces à 21 lig. = 0.244 à 0.047 mil.			
Longueur du bois en		Cube en	
Pieds.	Mètres.	Planches.	Stères.
1	0.32	0.26	0.0037
2	0.65	0.52	0.0074
3	0.97	0.79	0.0113
4	1.30	1.05	0.0150
5	1.62	1.31	0.0187
6	1.95	1.57	0.0224
7	2.27	1.84	0.0263
8	2.60	2.10	0.0300
9	2.92	2.36	0.0337
10	3.25	2.62	0.0374

De 9 pouces à 27 lig. = 0.244 à 0.061 mil.			
Longueur du bois en		Cube en	
Pieds.	Mètres.	Planches.	Stères.
1	0.32	0.34	0.0048
2	0.65	0.67	0.0096
3	0.97	1.01	0.0144
4	1.30	1.35	0.0193
5	1.62	1.69	0.0241
6	1.95	2.02	0.0288
7	2.27	2.36	0.0337
8	2.60	2.70	0.0386
9	2.92	3.04	0.0434
10	3.25	3.37	0.0481

De 9 pouces à 24 lig. = 0.244 à 0.054 mil.			
1	0.32	0.30	0.0043
2	0.65	0.60	0.0086
3	0.97	0.90	0.0128
4	1.30	1.20	0.0171
5	1.62	1.50	0.0214
6	1.95	1.80	0.0257
7	2.27	2.10	0.0300
8	2.60	2.40	0.0343
9	2.92	2.70	0.0386
10	3.25	3.00	0.0428

De 9 pouces à 30 lig. = 0.244 à 0.068 mil.			
1	0.32	0.37	0.0053
2	0.65	0.75	0.0107
3	0.97	1.12	0.0160
4	1.30	1.50	0.0214
5	1.62	1.87	0.0267
6	1.95	2.25	0.0321
7	2.27	2.62	0.0374
8	2.60	3.00	0.0428
9	2.92	3.37	0.0480
10	3.25	3.75	0.0535

De 9 pouces à 33 lig. = 0.244 à 0.074 mil.				De 10 pouces à 6 lig. = 0.271 à 0.013 mil.			
Longueur du bois en		Cube en		Longueur du bois en		Cube en	
Pieds.	Mètres.	Planches.	Stères.	Pieds.	Mètres.	Planches.	Stères.
1	0.32	0.41	0.0058	1	0.32	0.08	0.0011
2	0.65	0.82	0.0117	2	0.65	0.17	0.0024
3	0.97	1.24	0.0177	3	0.97	0.25	0.0036
4	1.30	1.65	0.0235	4	1.30	0.33	0.0047
5	1.62	2.06	0.0294	5	1.62	0.42	0.0060
6	1.95	2.47	0.0353	6	1.95	0.50	0.0071
7	2.27	3.89	0.0413	7	2.27	0.58	0.0083
8	2.60	3.30	0.0471	8	2.60	0.67	0.0096
9	2.92	3.71	0.0530	9	2.92	0.75	0.0107
10	3.25	4.12	0.0588	10	3.25	0.83	0.0118

De 9 pouces à 36 lig. = 0.244 à 0.081 mil.				De 10 pouces à 12 lig. = 0.271 à 0.027 mil.			
1	0.32	0.45	0.0064	1	0.32	0.17	0.0024
2	0.65	0.90	0.0128	2	0.65	0.33	0.0047
3	0.97	0.35	0.0193	3	0.97	0.50	0.0071
4	1.30	1.80	0.0257	4	1.30	0.67	0.0096
5	1.62	2.25	0.0321	5	1.62	0.83	0.0118
6	1.95	2.70	0.0386	6	1.95	1.00	0.0143
7	2.27	3.15	0.0450	7	2.27	1.17	0.0167
8	2.60	3.60	0.0514	8	2.60	1.33	0.0190
9	2.92	4.05	0.0578	9	2.92	1.50	0.0214
10	3.25	4.50	0.0643	10	3.25	1.67	0.0238

De 10 pouces à 15 lig. = 0.271 à 0.034 mil.

Longueur du bois en		Cube en	
Pieds.	Mètres.	Planches.	Stères.
1	0.32	0.20	0.0028
2	0.65	0.42	0.0060
3	0.97	0.62	0.0088
4	1.30	0.83	0.0118
5	1.62	1.04	0.0148
6	1.95	1.25	0.0178
7	2.27	1.46	0.0208
8	2.60	1.67	0.0238
9	2.92	1.87	0.0267
10	3.25	2.08	0.0297

De 10 pouces à 21 lig. = 2.071 à 0.047 mil.

Longueur du bois en		Cube en	
Pieds.	Mètres.	Planches.	Stères.
1	0.32	0.29	0.0041
2	0.65	0.58	0.0083
3	0.97	0.87	0.0124
4	1.30	1.17	0.0167
5	1.62	1.46	0.0208
6	1.95	1.75	0.0250
7	2.27	2.04	0.0291
8	2.60	2.33	0.0333
9	2.92	2.62	0.0374
10	3.25	2.92	0.0416

De 10 pouces à 18 lig. = 0.271 à 0.041 mil.

Pieds.	Mètres.	Planches.	Stères.
1	0.32	0.25	0.0036
2	0.65	0.50	0.0071
3	0.97	0.75	0.0107
4	1.30	1.00	0.0143
5	1.62	1.25	0.0178
6	1.95	1.50	0.0214
7	2.27	1.75	0.0250
8	2.60	2.00	0.0286
9	2.92	2.25	0.0321
10	3.25	2.50	0.0357

De 10 pouces à 24 lig. = 0.271 à 0.054 mil.

Pieds.	Mètres.	Planches.	Stères.
1	0.32	0.33	0.0047
2	0.65	0.67	0.0096
3	0.97	1.00	0.0143
4	1.30	1.33	0.0190
5	1.62	1.67	0.0238
6	1.95	2.00	0.0286
7	2.27	2.33	0.0333
8	2.60	2.67	0.0381
9	2.92	3.00	0.0428
10	3.25	3.33	0.0476

De 10 pouces à 27 lig. = 0.271 à 0.061 mil.			
Longueur du bois en		Cube en	
Pieds.	Mètres.	Planches.	Stères.
1	0.32	0.37	0.0053
2	0.65	0.75	0.0107
3	0.97	1.12	0.0160
4	1.30	1.50	0.0214
5	1.62	1.87	0.0267
6	1.95	2.25	0.0321
7	2.27	2.62	0.0374
8	2.60	3.00	0.0428
9	2.92	3.37	0.0481
10	3.25	3.75	8.0536

De 10 pouces à 33 lig. = 0.271 à 0.074 mil.			
Longueur du bois en		Cube en	
Pieds.	Mètres.	Planches.	Stères.
1	0.32	0.46	0.0066
2	0.65	0.92	0.0131
3	0.97	1.37	0.0196
4	1.30	1.83	0.0261
5	1.62	2.29	0.0327
6	1.95	2.75	0.0393
7	2.27	3.21	0.0458
8	2.60	3.67	0.0524
9	2.92	4.12	0.0588
10	3.25	4.58	0.0654

De 10 pouces à 30 lig. = 0.271 à 0.068 mil.			
1	0.32	0.42	0.0060
2	0.65	0.83	0.0114
3	0.97	1.25	0.0178
4	1.30	1.67	0.0238
5	1.62	2.08	0.0297
6	1.95	2.50	0.0357
7	2.27	2.92	0.0417
8	2.60	3.33	0.0476
9	2.92	3.75	0.8536
10	3.25	4.17	0.8597

De 10 pouces à 36 lig. = 0.271 à 0.081 mil.			
1	0.32	0.58	0.0071
2	0.65	1.00	0.0143
3	0.97	1.50	0.0214
4	1.30	2.00	0.0286
5	1.62	2.50	0.0357
6	1.95	3.00	0.0428
7	2.27	3.50	0.0500
8	2.60	4 00	0.0571
9	2.92	4.50	0.0643
10	3.25	5.00	0.0714

De 11 pouces à 6 lig. = 0.298 à 0.013 mil.			
Longueur du bois en		Cube en	
Pieds.	Mètres.	Planches.	Stères.
1	0.32	0.09	0.0013
2	0.65	0.18	0.0026
3	0.97	0.27	0.0038
4	1.30	0.37	0.0053
5	1.62	0.46	0.0066
6	1.95	0.55	0.0078
7	2.27	0.64	0.0091
8	2.60	0.73	0.0104
9	2.92	0.82	0.0117
10	3.25	0.92	0.0131

De 11 pouces à 15 lig. = 0.298 à 0.034 mil.			
Longueur du bois en		Cube en	
Pieds.	Mètres.	Planches.	Stères.
1	0.32	0.23	0.0033
2	0.65	0.46	0.0066
3	0.97	0.69	0.0098
4	1.30	0.92	0.0131
5	1.62	1.14	0.0163
6	1.95	1.37	0.0196
7	2.27	1.60	0.0228
8	2.60	1.83	0.0261
9	2.92	2.06	0.0294
10	3.25	2.29	0.0327

De 11 pouces à 12 lig. = 0.298 à 0.027 mil.			
1	0.32	0.18	0.0026
2	0.65	0.37	0.0051
3	0.97	0.55	0.0077
4	1.30	0.73	0.0104
5	1.62	0.92	0.0130
6	1.95	1.10	0.0157
7	2.27	1.28	0.0183
8	2.60	1.47	0.0210
9	2.92	1.65	0.0236
10	3.25	1.83	0.0261

De 11 pouces à 18 lig. = 0.298 à 0.041 mil.			
1	0.32	0.27	0.0038
2	0.65	0.55	0.0078
3	0.97	0.82	0.0117
4	1.30	1.10	0.0157
5	1.62	1.37	0.0196
6	1.95	1.65	0.0236
7	2.27	1.92	0.0274
8	2.60	2.20	0.0314
9	2.92	2.47	0.0352
10	3.25	2.75	0.0393

De 11 pouces à 21 lig. = 0.298 à 0.047 mil.			
Longueur du bois en		Cube en	
Pieds.	Mètres.	Planches.	Stères.
1	0.32	0.32	0.0046
2	0.65	0.64	0.0091
3	0.97	0.96	0.0137
4	1.30	1.28	0.0183
5	1.62	1.60	0.0228
6	1.95	1.92	0.0274
7	2.27	2.24	0.0320
8	2.60	2.57	0.0367
9	2.92	2.89	0.0413
10	3.25	3.21	0.0458

De 11 pouces à 27 lig. = 0.298 à 0.061 mil.			
Longueur du bois en		Cube en	
Pieds.	Mètres.	Planches.	Stères.
1	0.32	0.41	0.0058
2	0.65	0.82	0.0117
3	0.97	1.24	0.0177
4	1.30	1.65	0.0235
5	1.62	2.06	0.0294
6	1.95	2.47	0.0353
7	2.27	2.89	0.0413
8	2.60	3.30	0.0471
9	2.92	3.71	0.0530
10	3.25	4.12	0.0588

De 11 pouces à 24 lig. = 0.298 à 0.054 mil.			
1	0.32	0.37	0.0053
2	0.65	0.73	0.0104
3	0.97	1.10	0.0157
4	1.30	1.47	0.0210
5	1.62	1.83	0.0261
6	1.95	2.20	0.0314
7	2.27	2.57	0.0367
8	2.60	2.93	0.0418
9	2.92	3.30	0.0471
10	3.25	3.67	0.0524

De 11 pouces à 30 lig. = 0.298 à 0.068 mil.			
1	0.32	0.46	0.0066
2	0.65	0.92	0.0131
3	0.97	1.37	0.0196
4	1.30	1.83	0.0261
5	1.62	2.29	0.0327
6	1.95	2.75	0.0393
7	2.27	3.21	0.0458
8	2.60	3.67	0.0524
9	2.92	4.12	0.0588
10	3.25	4.58	0.0654

De 11 pouces à 33 lig. = 0.298 à 0.074 mil.			
Longueur du bois en		Cube en	
Pieds.	Mètres.	Planches.	Stères.
1	0.32	0.50	0.0071
2	0.65	1.01	0.0144
3	0.97	1.51	0.0216
4	1.30	2.02	0.0288
5	1.62	2.52	0.0360
6	1.95	3.02	0.0433
7	2.27	3.53	0.0504
8	2.60	4.03	0.0575
9	2.92	4.54	0.0648
10	3.25	5.04	0.0720

De 12 pouces à 6 lig. = 0.325 à 0.013 mil.			
Longueur du bois en		Cube en	
Pieds.	Mètres.	Planches.	Stères.
1	0.32	0.10	0.0014
2	0.65	0.20	0.0028
3	0.97	0.30	0.0043
4	1.30	0.40	0.0057
5	1.62	0.50	0.0071
6	1.95	0.60	0.0086
7	2.27	0.70	0.0100
8	2.60	0.80	0.0114
9	2.92	0.90	0.0128
10	3.25	1.00	0.0143

De 11 pouces à 36 lig. = 0.298 à 0.081 mil.			
1	0.32	0.55	0.0078
2	0.65	1.10	0.0157
3	0.97	1.65	0.0236
4	1.30	2.20	0.0314
5	1.62	2.75	0.0393
6	1.95	3.30	0.0471
7	2.27	3.85	0.0550
8	2.60	4.40	0.0628
9	2.92	4.95	0.0707
10	3.25	5.50	0.0785

De 12 pouces à 12 lig. = 0.325 à 0.027 mil.			
1	0.32	0.20	0.0028
2	0.65	0.40	0.0057
3	0.97	0.60	0.0086
4	1.30	0.80	0.0114
5	1.62	1.00	0.0143
6	1.95	1.20	0.0171
7	2.27	1.40	0.0200
8	2.60	1.60	0.0228
9	2.92	1.80	0.0257
10	3.25	2.00	0.0286

De 12 pouces à 15 lig. = 0.325 à 0.034 mil.

Longueur du bois en Pieds.	Longueur du bois en Mètres.	Cube en Planches.	Cube en Stères.
1	0.32	0.25	0.0036
2	0.65	0.50	0.0071
3	0.97	0.75	0.0107
4	1.30	1.00	0.0143
5	1.62	1.25	0.0178
6	1.95	1.50	0.0214
7	2.27	1.75	0.0250
8	2.60	2.00	0.0286
9	2.92	2.25	0.0321
10	3.25	2.50	0.0357

De 12 pouces à 21 lig. = 0.325 à 0.047 mil.

Longueur du bois en Pieds.	Longueur du bois en Mètres.	Cube en Planches.	Cube en Stères.
1	0.32	0.35	0.0050
2	0.65	0.70	0.0100
3	0.97	1.05	0.0150
4	1.30	1.40	0.0200
5	1.62	1.75	0.0250
6	1.95	2.10	0.0300
7	2.27	2.45	0.0350
8	2.60	2.80	0.0400
9	2.92	3.15	0.0450
10	3.25	3.50	0.0500

De 12 pouces à 18 lig. = 0.325 à 0.041 mil.

Pieds.	Mètres.	Planches.	Stères.
1	0.32	0.30	0.0043
2	0.65	0.60	0.0086
3	0.97	0.90	0.0128
4	1.30	1.20	0.0171
5	1.62	1.50	0.0214
6	1.95	1.80	0.0257
7	2.27	2.10	0.0300
8	2.60	2.40	0.0343
9	2.92	2.70	0.0385
10	3.25	3.00	0.0428

De 12 pouces à 24 lig. = 0.325 à 0.054 mil.

Pieds.	Mètres.	Planches.	Stères.
1	0.32	0.40	0.0057
2	0.65	0.80	0.0114
3	0.97	1.20	0.0171
4	1.30	1.60	0.0228
5	1.62	2.00	0.0286
6	1.95	2.40	0.0343
7	2.27	2.80	0.0400
8	2.60	3.20	0.0457
9	2.92	3.60	0.0514
10	3.25	4.00	0.0571

De 12 pouces à 27 lig. = 0.325 à 0.061 mil.				De 12 pouces à 33 lig. = 0.325 à 0.074 mil.			
Longueur du bois en		Cube en		Longueur du bois en		Cube en	
Pieds.	Mètres.	Planches.	Stères.	Pieds.	Mètres.	Planches.	Stères.
1	0.32	0.45	0.0064	1	0.32	0.55	0.0078
2	0.65	0.90	0.0128	2	0.65	1.10	0.0157
3	0.97	1.35	0.0192	3	0.97	1.65	0.0236
4	1.30	1.80	0.0257	4	1.30	2.20	0.0314
5	1.62	2.25	0.0321	5	1.62	2.75	0.0393
6	1.95	2.70	0.0385	6	1.95	3.30	0.0471
7	2.27	3.15	0.0450	7	2 27	3.85	0.0550
8	2.60	3.60	0.0514	8	2.60	4.40	0.0628
9	2.92	4.05	0.0578	9	2.92	4.95	0.0707
10	3.25	4.50	0.0643	10	3.25	5.50	0.0785

De 12 pouces à 30 lig. = 0.325 à 0.068 mil.				De 12 pouces à 36 lig. = 0.325 à 0.081 mil.			
1	0.32	0.50	0.0071	1	0.32	0.60	0.0086
2	0.65	1.00	0.0143	2	0.65	1.20	0.0171
3	0.97	1.50	0.0214	3	0.97	1.80	0.0257
4	1.30	2.00	0.0286	4	1.30	2.40	0.0343
5	1.62	2.50	0.0357	5	1.62	3.00	0.0428
6	1.95	3.00	0.0428	6	1.95	3.60	0.0514
7	2.27	3.50	0.0500	7	2.27	4.20	0.0600
8	2.60	4.00	0.0571	8	2.60	4.80	0.0685
9	2.92	4.50	0.0643	9	2.92	5.40	0.0771
10	3.25	5.00	0.0714	10	3.25	6.00	0.0857

De 13 pouces à 6 lig. = 0.352 à 0.013 mil.

Longueur du bois en Pieds.	Longueur du bois en Mètres.	Cube en Planches.	Cube en Stères.
1	0.32	0.11	0.0016
2	0.65	0.22	0.0031
3	0.97	0.32	0.0046
4	1.30	0.43	0.0061
5	1.62	0.54	0.0077
6	1.95	0.65	0.0093
7	2.27	0.76	0.0108
8	2.60	0.87	0.0124
9	2.92	0.97	0.0138
10	3.25	1.08	0.0154

De 13 pouces à 15 lig. = 0.352 à 0.034 mil.

Longueur du bois en Pieds.	Longueur du bois en Mètres.	Cube en Planches.	Cube en Stères.
1	0.32	0.27	0.0038
2	0.65	0.54	0.0077
3	0.97	0.81	0.0116
4	1.30	1.08	0.0154
5	1.62	1.35	0.0193
6	1.95	1.62	0.0231
7	2.27	1.89	0.0270
8	2.60	2.17	0.0310
9	2.92	2.44	0.0348
10	3.25	2.71	0.0387

De 13 pouces à 12 lig. = 0.352 à 0.027 mil.

Pieds.	Mètres.	Planches.	Stères.
1	0.32	0.22	0.0031
2	0.65	0.43	0.0061
3	0.97	0.65	0.0093
4	1.30	0.87	0.0124
5	1.62	1.08	0.0154
6	1.95	1.30	0.0186
7	2.27	1.52	0.0217
8	2.60	1.73	0.0247
9	2.92	1.95	0.0278
10	3.25	2.17	0.0310

De 13 pouces à 18 lig. = 0.352 à 0.041 mil.

Pieds.	Mètres.	Planches.	Stères.
1	0.32	0.32	0.0046
2	0.65	0.65	0.0093
3	0.97	0.97	0.0138
4	1.30	1.30	0.0186
5	1.62	1.62	0.0231
6	1.95	1.95	0.0278
7	2.27	2.27	0.0324
8	2.60	2.60	0.0371
9	2.92	2.92	0.0417
10	3.25	3.25	0.0464

De 13 pouces à 21 lig. = 0.352 à 0.047 mil.

Longueur du bois en		Cube en	
Pieds.	Mètres.	Planches.	Stères.
1	0.32	0.38	0.0054
2	0.65	0.76	0.0108
3	0.97	1.14	0.0163
4	1.30	1.52	0.0216
5	1.62	1.89	0.0270
6	1.95	2.27	0.0324
7	2.27	2.65	0.0378
8	2.60	3.03	0.0433
9	2.92	3.41	0.0487
10	3.25	3.79	0.0541

De 13 pouces à 27 lig. = 0.352 à 0.061 mil.

Longueur du bois en		Cube en	
Pieds.	Mètres.	Planches.	Stères.
1	0.32	0.49	0.0070
2	0.65	0.97	0.0138
3	0.97	1.46	0.0208
4	1.30	1.95	0.0278
5	1.62	2.44	0.0348
6	1.95	2.92	0.0417
7	2.27	3.41	0.0487
8	2.60	3.90	0.0557
9	2.92	4.39	0.0627
10	3.25	4.87	0.0695

De 13 pouces à 24 lig. = 0.352 à 0.054 mil.

Pieds.	Mètres.	Planches.	Stères.
1	0.32	0.43	0.0061
2	0.65	0.87	0.0124
3	0.97	1.30	0.0186
4	1.30	1.73	0.0247
5	1.62	2.17	0.0310
6	1.95	2.60	0.0371
7	2.27	3.03	0.0433
8	2.60	3.47	0.0496
9	2.92	3.90	0.0557
10	3.25	4.33	0.0618

De 13 pouces à 30 lig. = 0.352 à 0.068 mil.

Pieds.	Mètres.	Planches.	Stères.
1	0.32	0.54	0.0077
2	0.65	1.08	0.0154
3	0.97	1.62	0.0233
4	1.30	2.17	0.0310
5	1.62	2.71	0.0387
6	1.95	3.25	0.0464
7	2.27	3.79	0.0541
8	2.60	4.33	0.0618
9	2.92	4.87	0.0695
10	3.25	5.42	0.0774

De 13 pouces à 33 lig. = 0.352 à 0.074 mil.

Longueur du bois en		Cube en	
Pieds.	Mètres.	Planches.	Stères.
1	0.32	0.59	0.0084
2	0.65	1.19	0.0170
3	0.97	1.79	0.0255
4	1.30	2.38	0.0340
5	1.62	2.98	0.0426
6	1.95	3.57	0.0510
7	2.27	4.17	0.0595
8	2.60	4.77	0.0681
9	2.92	5.36	0.0765
10	3.25	5.96	0.0851

De 14 pouces à 6 lig. = 0.379 à 0.013 mil.

Longueur du bois en		Cube en	
Pieds.	Mètres.	Planches.	Stères.
1	0.32	0.12	0.0017
2	0.65	0.23	0.0033
3	0.97	0.35	0.0050
4	1.30	0.47	0.0067
5	1.62	0.58	0.0083
6	1.95	0.70	0.0100
7	2.27	0.82	0.0117
8	2.60	0.93	0.0133
9	2.92	1.05	0.0150
10	3.25	1.17	0.0167

De 13 pouces à 36 lig. = 0.352 à 0.081 mil.

Pieds.	Mètres.	Planches.	Stères.
1	0.32	0.65	0.0093
2	0.65	1.30	0.0186
3	0.97	1.95	0.0278
4	1.30	2.60	0.0371
5	1.62	3.25	0.0464
6	1.95	3.90	0.0557
7	2.27	4.55	0.0650
8	2.60	5.20	0.0743
9	2.92	5.85	0.0835
10	3.25	6.50	0.0928

De 14 pouces à 12 lig. = 0.379 à 0.027 mil.

Pieds.	Mètres.	Planches.	Stères.
1	0.32	0.23	0.0033
2	0.65	0.47	0.0067
3	0.97	0.70	0.0100
4	1.30	0.93	0.0133
5	1.62	1.17	0.0167
6	1.95	1.40	0.0200
7	2.27	1.63	0.0233
8	2.60	1.87	0.0267
9	2.92	2.10	0.0300
10	3.25	2.33	0.0333

De 14 pouces à 15 lig. = 0.379 à 0.054 mil.

Longueur du bois en Pieds.	Mètres.	Cube en Planches.	Stères.
1	0.32	0.29	0.0041
2	0.65	0.58	0.0083
3	0.97	0.87	0.0124
4	1.30	1.17	0.0167
5	1.62	1.46	0.0208
6	1.95	1.75	0.0250
7	2.27	2.04	0.0291
8	2.60	2.33	0.0333
9	2.92	2.62	0.0374
10	3.25	2.92	0.0417

De 14 pouces à 21 lig. = 0.379 à 0.047 mil.

Longueur du bois en Pieds.	Mètres.	Cube en Planches.	Stères.
1	0.32	0.41	0.0058
2	0.65	0.82	0.0117
3	0.97	1.22	0.0174
4	1.30	1.63	0.0233
5	1.62	2.04	0.0291
6	1.95	2.45	0.0350
7	2.27	2.86	0.0407
8	2.60	3.27	0.0467
9	2.92	3.67	0.0524
10	3.25	4.08	0.0583

De 14 pouces à 18 lig. = 0.379 à 0.041 mil.

Pieds.	Mètres.	Planches.	Stères.
1	0.32	0.35	0.0050
2	0.65	0.70	0.0100
3	0.97	1.05	0.0150
4	1.30	1.40	0.0200
5	1.62	1.75	0.0250
6	1.95	2.10	0.0300
7	2.27	2.45	0.0350
8	2.60	2.80	0.0400
9	2.92	3.15	0.0450
10	3.25	3.50	0.0500

De 14 pouces à 24 lig. = 0.379 à 0.054 mil.

Pieds.	Mètres.	Planches.	Stères.
1	0.32	0.47	0.0067
2	0.65	0.93	0.0133
3	0.97	1.40	0.0200
4	1.30	1.87	0.0267
5	1.62	2.33	0.0333
6	1.95	2.80	0.0400
7	2.27	3.27	0.0467
8	2.60	3.73	0.0533
9	2.92	4.20	0.0601
10	3.25	4.67	0.0667

De 14 pouces à 27 lig. = 0.379 à 0.061 mil.

Longueur du bois en Pieds.	Longueur du bois en Mètres.	Cube en Planches.	Cube en Stères.
1	0.32	0.52	0.0074
2	0.65	1.05	0.0150
3	0.97	1.57	0.0224
4	1.30	2.10	0.0300
5	1.62	2.62	0.0374
6	1.95	3.15	0.0450
7	2.27	3.67	0.0524
8	2.60	4.20	0.0600
9	2.92	4.72	0.0674
10	3.25	5.25	0.0750

De 14 pouces à 33 lig. = 0.379 à 0.074 mil.

Longueur du bois en Pieds.	Longueur du bois en Mètres.	Cube en Planches.	Cube en Stères.
1	0.32	0.64	0.0091
2	0.65	1.28	0.0183
3	0.97	1.92	0.0274
4	1.30	2.57	0.0367
5	1.62	3.21	0.0458
6	1.95	3.85	0.0550
7	2.27	4.49	0.0641
8	2.60	5.13	0.0733
9	2.92	5.77	0.0824
10	3.25	6.42	0.0917

De 14 pouces à 30 lig. = 0.379 à 0.068 mil.

Pieds.	Mètres.	Planches.	Stères.
1	0.32	0.58	0.0083
2	0.65	1.17	0.0167
3	0.97	1.75	0.0250
4	1.30	2.33	0.0333
5	1.62	2.92	0.0417
6	1.95	3.50	0.0500
7	2.27	4.08	0.0583
8	2.60	4.67	0.0667
9	2.92	5.25	0.0750
10	3.25	5.83	0.0833

De 14 pouces à 36 lig. = 0.379 à 0.081 mil.

Pieds.	Mètres.	Planches.	Stères.
1	0.32	0.70	0.0100
2	0.65	1.40	0.0200
3	0.97	2.10	0.0300
4	1.30	2.80	0.0400
5	1.62	3.50	0.0500
6	1.95	4.20	0.0600
7	2.27	4.90	0.0700
8	2.60	5.60	0.0800
9	2.92	6.30	0.0900
10	3.25	7.00	0.1000

De 15 pouces à 6 lig. = 0.406 à 0.013 mil.				De 15 pouces à 15 lig. = 0.406 à 0.034 mil.			
Longueur du bois en		Cube en		Longueur du bois en		Cube en	
Pieds.	Mètres.	Planches.	Stères.	Pieds.	Mètres.	Planches.	Stères.
1	0.32	0.12	0.0017	1	0.32	0.31	0.0044
2	0.65	0.25	0.0036	2	0.65	0.62	0.0088
3	0.97	0.37	0.0053	3	0.97	0.93	0.0133
4	1.30	0.50	0.0071	4	1.30	1.25	0.0178
5	1.62	0.62	0.0088	5	1.62	1.56	0.0223
6	1.95	0.75	0.0107	6	1.95	1.87	0.0267
7	2.27	0.87	0.0124	7	2.27	2.19	0.0313
8	2.60	1.00	0.0143	8	2.60	2.50	0.0357
9	2.92	1.12	0.0160	9	2.92	2.81	0.0401
10	3.25	1.25	0.0178	10	3.25	3.12	0.0446

De 15 pouces à 12 lig. = 0.406 à 0.027 mil.				De 15 pouces à 18 lig. = 0.406 à 0.041 mil.			
1	0.32	0.25	0.0036	1	0.32	0.37	0.0053
2	0.65	0.50	0.0071	2	0.65	0.75	0.0107
3	0.97	0.75	0.0107	3	0.97	1.12	0.0160
4	1.30	1.00	0.0143	4	1.30	1.50	0.0214
5	1.62	1.25	0.0178	5	1.62	1.87	0.0267
6	1.95	1.50	0.0214	6	1.95	2.25	0.0316
7	2.27	1.75	0.0250	7	2.27	2.62	0.0374
8	2.60	2.00	0.0286	8	2.60	3.00	0.0428
9	2.92	2.25	0.0321	9	2.92	3.37	0.0481
10	3.25	2.50	0.0357	10	3.25	3.75	0.0535

De 15 pouces à 21 lig. = 0.406 à 0.047 mil.				De 15 pouces à 27 lig. = 0.406 à 0.061 mil.			
Longueur du bois en		Cube en		Longueur du bois en		Cube en	
Pieds.	Mètres.	Planches.	Stères.	Pieds.	Mètres.	Planches.	Stères.
1	0.32	0.44	0.0063	1	0.32	0.56	0.0080
2	0.65	0.87	0.0124	2	0.65	1.12	0.0160
3	0.97	1.31	0.0187	3	0.97	1.69	0.0241
4	1.30	1.75	0.0250	4	1.30	2.25	0.0321
5	1.62	2.19	0.0313	5	1.62	2.81	0.0401
6	1.95	2.62	0.0374	6	1.95	3.37	0.0481
7	2.27	3.06	0.0437	7	2.27	3.94	0.0563
8	2.60	3.50	0.0500	8	2.60	4.50	0.0643
9	2.92	3.94	0.0563	9	2.92	5.06	0.0723
10	3.25	4.37	0.0624	10	3.25	5.62	0.0803

De 15 pouces à 24 lig. = 0.406 à 0.054 mil.				De 15 pouces à 30 lig. = 0 406 à 0.068 mil.			
1	0.32	0.50	0.0071	1	0.32	0.62	0.0088
2	0.65	1.00	0.0143	2	0.65	1.25	0.0178
3	0.97	1.50	0.0214	3	0.97	1.87	0.0267
4	1.30	2.00	0.0286	4	1.30	2.50	0.0357
5	1.62	2.50	0.0357	5	1.62	3.12	0.0445
6	1.95	3.00	0.0428	6	1.95	3.75	0.0535
7	2.27	3.50	0.0500	7	2.27	4.37	0.0624
8	2.60	4.00	0.0571	8	2.60	5.00	0.0714
9	2.92	4.50	0.0643	9	2.92	5.62	0.0803
10	3.25	5.00	0.0714	10	3.25	6.25	0.0893

De 15 pouces à 33 lig. = 0.406 à 0.074 mil.				De 16 pouces à 6 lig. = 0.433 à 0.013 mil.			
Longueur du bois en		Cube en		Longueur du bois en		Cube en	
Pieds.	Mètres.	Planches.	Stères.	Pieds.	Mètres.	Planches.	Stères.
1	0.32	0.69	0.0098	1	0.32	0.13	0.0018
2	0.65	1.37	0.0195	2	0.65	0.27	0.0038
3	0.97	2.06	0.0294	3	0.97	0.40	0.0057
4	1.30	2.75	0.0393	4	1.30	0.53	0.0076
5	1.62	3.44	0.0491	5	1.62	0.67	0.0096
6	1.95	4.12	0.0588	6	1.95	0.80	0.0114
7	2.27	4.81	0.0687	7	2.27	0.93	0.0133
8	2.60	5.50	0.0785	8	2.60	1.07	0.0153
9	2.92	6.19	0.0884	9	2.92	1.20	0.0171
10	3.25	6.87	0.0981	10	3.25	1.33	0.0190

De 15 pouces à 36 lig. = 0.406 à 0.081 mil.				De 16 pouces à 12 lig. = 0.433 à 0.027 mil.			
1	0.32	0.75	0.0107	1	0.32	0.27	0.0038
2	0.65	1.50	0.0214	2	0.65	0.53	0.0076
3	0.97	2.25	0.0321	3	0.97	0.80	0.0114
4	1.30	3.00	0.0428	4	1.30	1.07	0.0153
5	1.62	3.75	0.0536	5	1.62	1.33	0.0190
6	1.95	4.50	0.0643	6	1.95	1.60	0.0228
7	2.27	5.25	0.0750	7	2.27	1.87	0.0267
8	2.60	6.00	0.0857	8	2.60	2.13	0.0304
9	2.92	6.75	0.0964	9	2.92	2.40	0.0343
10	3.25	7.50	0.1071	10	3.25	2.67	0.0380

De 16 pouces à 15 lig. = 0.433 à 0.034 mil.

Longueur du bois en		Cube en	
Pieds.	Mètres.	Planches.	Stères.
1	0.32	0.33	0.0047
2	0.65	0.67	0.0096
3	0.97	1.00	0.0143
4	1.30	1.33	0.0190
5	1.62	1.67	0.0238
6	1.95	2.00	0.0286
7	2.27	2.33	0.0333
8	2.60	2.67	0.0381
9	2.92	3.00	0.0428
10	3.25	3.33	0.0475

De 16 pouces à 21 lig. = 0.433 à 0.047 mil.

Longueur du bois en		Cube en	
Pieds.	Mètres.	Planches.	Stères.
1	0.32	0.47	0.0067
2	0.65	0.93	0.0133
3	0.97	1.40	0.0200
4	1.30	1.87	0.0267
5	1.62	2.33	0.0333
6	1.95	2.80	0.0400
7	2.27	3.27	0.0467
8	2.60	3.73	0.0533
9	2.92	4.20	0.0600
10	3.25	4.67	0.0667

De 16 pouces à 18 lig. = 0.433 à 0.041 mil.

Pieds.	Mètres.	Planches.	Stères.
1	0.32	0.40	0.0057
2	0.65	0.80	0.0114
3	0.97	1.20	0.0171
4	1.30	1.60	0.0228
5	1.62	2.00	0.0286
6	1.95	2.40	0.0343
7	2.27	2.80	0.0400
8	2.60	3.20	0.0457
9	2.92	3.60	0.0514
10	3.25	4.00	0.0571

De 16 pouces à 24 lig. = 0.433 à 0.054 mil.

Pieds.	Mètres.	Planches.	Stères.
1	0.32	0.53	0.0076
2	0.65	1.07	0.0153
3	0.97	1.60	0.0228
4	1.30	2.13	0.0304
5	1.62	2.67	0.0381
6	1.95	3.20	0.0457
7	2.27	3.73	0.0533
8	2.60	4.27	0.0610
9	2.92	4.80	0.0685
10	3.25	5.33	0.0761

De 16 pouces à 27 lig. = 0.433 à 0.061 mil.				De 16 pouces à 33 lig. = 0.433 à 0.074 mil.			
Longueur du bois en		Cube en		Longueur du bois en		Cube en	
Pieds.	Mètres.	Planches.	Stères.	Pieds.	Mètres.	Planches.	Stères.
1	0.32	0.60	0.0086	1	0.32	0.73	0.0104
2	0.65	1.20	0.0171	2	0.65	1.47	0.0210
3	0.97	1.80	0.0257	3	0.97	2.20	0.0314
4	1.30	2.40	0.0343	4	1.30	2.93	0.0418
5	1.62	3.00	0.0428	5	1.62	3.67	0.0524
6	1.95	3.60	0.0514	6	1.95	4.40	0.0628
7	2.27	4.20	0.0600	7	2.27	5.13	0.0733
8	2.60	4.80	0.0685	8	2.60	5.87	0.0838
9	2.92	5.40	0.0771	9	2.92	6.60	0.0943
10	3.25	6.00	0.0857	10	3.25	7.33	0.1047

De 16 pouces à 30 lig. = 0.433 à 0.068 mil.				De 16 pouces à 36 lig. = 0.433 à 0.081 mil.			
1	0.32	0.67	0.0096	1	0.32	0.80	0.0114
2	0.65	1.33	0.0190	2	0.65	1.60	0.0228
3	0.97	2.00	0.0286	3	0.97	2.40	0.0343
4	1.30	2.67	0.0381	4	1.30	3.20	0.0457
5	1.62	3.33	0.0476	5	1.62	4.00	0.0571
6	1.95	4.00	0.0571	6	1.95	4.80	0.0686
7	2.27	4.67	0.0667	7	2.27	5.60	0.0800
8	2.60	5.33	0.0761	8	2.60	6.40	0.0914
9	2.92	6.00	0.0857	9	2.92	7.20	0.1028
10	3.25	6.67	0.0953	10	3.25	8.00	0.1142

De 17 pouces à 6 lig. = 0.460 à 0.013 mil.

Longueur du bois en Pieds.	Longueur du bois en Mètres.	Cube en Planches.	Cube en Stères.
1	0.32	0.14	0.0020
2	0.65	0.28	0.0040
3	0.97	0.42	0.0060
4	1.30	0.57	0.0081
5	1.62	0.71	0.0101
6	1.95	0.85	0.0121
7	2.27	0.99	0.0141
8	2.60	1.13	0.0161
9	2.92	1.27	0.0181
10	3.25	1.42	0.0203

De 17 pouces à 15 lig. = 0.460 à 0.034 mil.

Longueur du bois en Pieds.	Longueur du bois en Mètres.	Cube en Planches.	Cube en Stères.
1	0.32	0.35	0.0050
2	0.65	0.71	0.0101
3	0.97	1.06	0.0151
4	1.30	1.42	0.0203
5	1.62	1.77	0.0253
6	1.95	2.12	0.0303
7	2.27	2.48	0.0354
8	2.60	2.83	0.0404
9	2.92	3.19	0.0455
10	3.25	3.54	0.0505

De 17 pouces à 12 lig. = 0.460 à 0.027 mil.

Pieds.	Mètres.	Planches.	Stères.
1	0.32	0.28	0.0040
2	0.65	0.57	0.0081
3	0.97	0.85	0.0121
4	1.30	1.13	0.0161
5	1.62	1.42	0.0203
6	1.95	1.70	0.0243
7	2.27	1.98	0.0283
8	2.60	2.27	0.0324
9	2.92	2.55	0.0364
10	3.25	2.83	0.0404

De 17 pouces à 18 lig. = 0.460 à 0.041 mil.

Pieds.	Mètres.	Planches.	Stères.
1	0.32	0.42	0.0060
2	0.65	0.83	0.0118
3	0.97	1.25	0.0178
4	1.30	1.67	0.0238
5	1.62	2.08	0.0297
6	1.95	2.50	0.0357
7	2.27	2.92	0.0417
8	2.60	3.33	0.0476
9	2.92	3.75	0.0535
10	3.25	4.17	0.0595

De 17 pouces à 21 lig. = 0.460 à 0.047 mil.

Longueur du bois en Pieds.	Longueur du bois en Mètres.	Cube en Planches.	Cube en Stères.
1	0.32	0.49	0.0070
2	0.65	0.99	0.0141
3	0.97	1.49	0.0213
4	1.30	1.98	0.0283
5	1.62	2.48	0.0354
6	1.95	2.97	0.0424
7	2.27	3.47	0.0496
8	2.60	3.97	0.0567
9	2.92	4.46	0.0637
10	3.25	4.96	0.0708

De 17 pouces à 27 lig. = 0.460 à 0.061 mil.

Longueur du bois en Pieds.	Longueur du bois en Mètres.	Cube en Planches.	Cube en Stères.
1	0.32	0.64	0.0091
2	0.65	1.27	0.0181
3	0.97	1.91	0.0273
4	1.30	2.55	0.0364
5	1.62	3.19	0.0456
6	1.95	3.82	0.0545
7	2.27	4.46	0.0637
8	2.60	5.10	0.0728
9	2.92	5.74	0.0818
10	3.25	6.37	0.0910

De 17 pouces à 24 lig. = 0.460 à 0.054 mil.

Pieds	Mètres	Planches	Stères
1	0.32	0.57	0.0081
2	0.65	1.13	0.0161
3	0.97	1.70	0.0243
4	1.30	2.27	0.0324
5	1.62	2.83	0.0404
6	1.95	3.40	0.0486
7	2.27	3.97	0.0567
8	2.60	4.53	0.0647
9	2.92	5.10	0.0728
10	3.25	5.67	0.0810

De 17 pouces à 30 lig. = 0.460 à 0.068 mil.

Pieds	Mètres	Planches	Stères
1	0.32	0.71	0.0101
2	0.65	1.42	0.0202
3	0.97	2.12	0.0303
4	1.30	2.83	0.0404
5	1.62	3.54	0.0506
6	1.95	4.26	0.0607
7	2.27	4.96	0.0708
8	2.60	5.67	0.0810
9	2.92	6.37	0.0910
10	3.25	7.08	0.1011

De 17 pouces à 33 lig. = 0.460 à 0.074 mil.				De 18 pouces à 6 lig. = 0.487 à 0.013 mil.			
Longueur du bois en		Cube en		Longueur du bois en		Cube en	
Pieds.	Mètres.	Planches.	Stères.	Pieds.	Mètres.	Planches.	Stères.
1	0.32	0.78	0.0111	1	0.32	0.15	0.0021
2	0.65	1.56	0.0223	2	0.65	0.30	0.0043
3	0.97	2.34	0.0334	3	0.97	0.45	0.0064
4	1.30	3.12	0.0446	4	1.30	0.60	0.0086
5	1.62	3.89	0.0555	5	1.62	0.75	0.0107
6	1.95	4.67	0.0667	6	1.95	0.90	0.0128
7	2.27	5.45	0.0778	7	2.27	1.05	0.0150
8	2.60	6.23	0.0890	8	2.60	1.20	0.0171
9	2.92	7.01	0.1001	9	2.92	1.35	0.0193
10	3.25	7.79	0.1112	10	3.25	1.50	0.0214

De 17 pouces à 36 lig. = 0.460 à 0.081 mil.				De 18 pouces à 12 lig. = 0.487 à 0.027 mil.			
1	0.32	0.85	0.0121	1	0.32	0.30	0.0043
2	0.65	1.70	0.0243	2	0.65	0.60	0.0086
3	0.97	2.55	0.0364	3	0.97	0.90	0.0128
4	1.30	3.40	0.0486	4	1.30	1.20	0.0171
5	1.62	4.25	0.0607	5	1.62	1.50	0.0214
6	1.95	5.10	0.0728	6	1.95	1.80	0.0257
7	2.27	5.95	0.0850	7	2.27	2.10	0.0300
8	2.60	6.80	0.0971	8	2.60	2.40	0.0343
9	2.92	7.65	0.1093	9	2.92	2.70	0.0385
10	3.25	8.50	0.1214	10	3.25	3.00	0.0428

De 18 pouces à 15 lig. = 0.487 à 0.034 mil.

Longueur du bois en		Cube en	
Pieds.	Mètres.	Planches.	Stères.
1	0.32	0.37	0.0053
2	0.65	0.75	0.0107
3	0.97	1.12	0.0160
4	1.30	1.50	0.0214
5	1.62	1.87	0.0267
6	1.95	2.25	0.0321
7	2.27	2.62	0.0374
8	2.60	3.00	0.0428
9	2.92	3.37	0.0481
10	3.25	3.75	0.0535

De 18 pouces à 21 lig. = 0.487 à 0.047 mil.

Longueur du bois en		Cube en	
Pieds.	Mètres.	Planches.	Stères.
1	0.32	0.52	0.0074
2	0.65	1.05	0.0150
3	0.97	1.57	0.0224
4	1.30	2.10	0.0300
5	1.62	2.62	0.0374
6	1.95	3.15	0.0450
7	2.27	3.67	0.0524
8	2.60	4.20	0.0600
9	2.92	4.72	0.0674
10	3.25	5.25	0.0750

De 18 pouces à 18 lig. = 0.487 à 0.041 mil.

Pieds.	Mètres.	Planches.	Stères.
1	0.32	0.45	0.0064
2	0.65	0.90	0.0128
3	0.97	1.35	0.0193
4	1.30	1.80	0.0257
5	1.62	2.25	0.0321
6	1.95	2.70	0.0386
7	2.27	3.15	0.0450
8	2.60	3.60	0.0514
9	2.92	4.05	0.0578
10	3.25	4.50	0.0643

De 18 pouces à 24 lig. = 0.487 à 0.054 mil.

Pieds.	Mètres.	Planches.	Stères.
1	0.32	0.60	0.0086
2	0.65	1.20	0.0171
3	0.97	1.80	0.0257
4	1.30	2.40	0.0343
5	1.62	3.00	0.0428
6	1.95	3.60	0.0514
7	2.27	4.20	0.0600
8	2.60	4.80	0.0686
9	2.92	5.40	0.0771
10	3.25	6.00	0.0857

De 18 pouces à 27 lig. = 0.487 à 0.061 mil.			
Longueur du bois en		Cube en	
Pieds.	Mètres.	Planches.	Stères.
1	0.32	0.67	0.0096
2	0.65	1.34	0.0191
3	0.97	2.01	0.0287
4	1.30	2.68	0.0383
5	1.62	3.35	0.0478
6	1.95	4.02	0.0574
7	2.27	4.69	0.0670
8	2.60	5.36	0.0765
9	2.92	6.03	0.0861
10	3.25	6.70	0.0957

De 18 pouces à 33 lig. = 0.487 à 0.074 mil.			
Longueur du bois en		Cube en	
Pieds.	Mètres.	Planches.	Stères.
1	0.32	0.82	0.0117
2	0.65	1.65	0.0236
3	0.97	2.47	0.0353
4	1.30	3.30	0.0471
5	1.62	4.12	0.0588
6	1.95	4.95	0.0707
7	2.27	5.77	0.0824
8	2.60	6.60	0.0943
9	2.92	7.42	0.1060
10	3.25	8.25	0.1178

De 18 pouces à 30 lig. = 0.487 à 0.068 mil.			
1	0.32	0.75	0.0107
2	0.65	1.50	0.0214
3	0.97	2.25	0.0321
4	1.30	3.00	0.0428
5	1.62	3.75	0.0535
6	1.95	4.50	0.0643
7	2.27	5.25	0.0750
8	2.60	6.00	0.0857
9	2.92	6.75	0.0964
10	3.25	7.50	0.1071

De 18 pouces à 36 lig. = 0.487 à 0.081 mil.			
1	0.32	0.90	0.0128
2	0.65	1.80	0.0257
3	0.97	2.70	0.0386
4	1.30	3.60	0.0514
5	1.62	4.50	0.0643
6	1.95	5.40	0.0771
7	2.27	6.30	0.0900
8	2.60	7.20	0.1028
9	2.92	8.10	0.1157
10	3.25	9.00	0.1285

Tarif pour l'évaluation en stères des planches réduites.

Planches.	Stères.	Planches.	Stères.	Planches.	Stères.	Planches.	Stères.
1	0.014282	26	0.371337	51	0.728393	76	1.085448
2	0.028564	27	0.385620	52	0.742675	77	1.099730
3	0.042847	28	0.399902	53	0.756957	78	1.114012
4	0.057129	29	0.414184	54	0.771239	79	1.128294
5	0.071411	30	0.428466	55	0.785521	80	1.142577
6	0.085693	31	0.442748	56	0.799803	81	1.156859
7	0.099975	32	0.457031	57	0.814086	82	1.171141
8	0.114258	33	0.471313	58	0.828368	83	1.185423
9	0.128540	34	0.485595	59	0.842650	84	1.199705
10	0.142822	35	0.499877	60	0.856932	85	1.213988
11	0.157104	36	0.514159	61	0.871215	86	1.228270
12	0.171386	37	0.528442	62	0.885497	87	1.242552
13	0.185669	38	0.542724	63	0.899779	88	1.256834
14	0.199951	39	0.557006	64	0.914061	89	1.271116
15	0.214233	40	0.571288	65	0.928343	90	1.285399
16	0.228515	41	0.585570	66	0.942626	91	1.299681
17	0.242797	42	0.599853	67	0.956908	92	1.313963
18	0.257080	43	0.614135	68	0.971190	93	1.328245
19	0.271362	44	0.628417	69	0.985472	94	1.342527
20	0.285644	45	0.642699	70	0.999754	95	1.356810
21	0.299926	46	0.656981	71	1.014037	96	1.371092
22	0.314208	47	0.671264	72	1.028319	97	1.385374
23	0.328491	48	0.685546	73	1.042601	98	1.399656
24	0.342773	49	0.699828	74	1.056883	99	1.413938
25	0.357055	50	0.714110	75	1.071165	100	1.428221

TARIF *pour l'évaluation en stères des centièmes restant des planches réduites.*

Centièmes.	Stères.	Centièmes.	Stères.	Centièmes.	Stères.	Centièmes.	Stères.
1	0.000143	26	0.003713	51	0.007284	76	0.010854
2	0.000286	27	0.003856	52	0.007427	77	0.010997
3	0.000428	28	0.003999	53	0.007569	78	0.011140
4	0.000571	29	0.004142	54	0.007712	79	0.011283
5	0.000714	30	0.004285	55	0.007855	80	0.011426
6	0.000857	31	0.004427	56	0.007998	81	0.011568
7	0.001000	32	0.004570	57	0.008141	82	0.011711
8	0.001142	33	0.004713	58	0.008284	83	0.011854
9	0.001285	34	0.004856	59	0.008426	84	0.011997
10	0.001428	35	0.004999	60	0.008569	85	0.012140
11	0.001571	36	0.005141	61	0.008712	86	0.012283
12	0.001714	37	0.005284	62	0.008855	87	0.012425
13	0.001857	38	0.005427	63	0.008998	88	0.012568
14	0.001999	39	0.005570	64	0.009141	89	0.012711
15	0.002142	40	0.005713	65	0.009283	90	0.012854
16	0.002285	41	0.005856	66	0.009426	91	0.012997
17	0.002428	42	0.005998	67	0.009569	92	0.013140
18	0.002571	43	0.006141	68	0.009712	93	0.013282
19	0.002714	44	0.006284	69	0.009855	94	0.013425
20	0.002856	45	0.006427	70	0.009997	95	0.013568
21	0.002999	46	0.006570	71	0.010140	96	0.013711
22	0.003142	47	0.006713	72	0.010283	97	0.013854
23	0.003285	48	0.006855	73	0.010426	98	0.013996
24	0.003428	49	0.006998	74	0.010569	99	0.014139
25	0.003570	50	0.007141	75	0.010712	100	0.014282

TARIF *pour connaître à tant le cent, combien la planche, le centième réduit, et le décistère du bois de débit ou des planches.*

Prix du cent.	VALEURS de la planche.	du centième réduit.	du déc. ou nouvelle solive.	Prix du cent.	VALEURS de la planche.	du centième réduit.	du déc. ou nouvelle solive.
fr.	fr. c.	fr. c. mil.	fr. c.	fr.	fr. c.	fr. c. mil.	fr. c.
25	».25	» ».25	2.50	52	».52	».».52	5.20
26	».26	».».26	2.60	53	».53	».».53	5.30
27	».27	».».27	2.70	54	».54	».».54	5.40
28	».28	».».28	2.80	55	».55	».».55	5.50
29	».29	».».29	2.90	56	».56	».».56	5.60
30	».30	».».30	3. »	57	».57	».».57	5.70
31	».31	».».31	3.10	58	».58	».».58	5.80
32	».32	».».32	3.20	59	».59	».».59	5.90
33	».33	».».33	3.30	60	».60	».».60	6. »
34	».34	».».34	3.40	61	».61	».».61	6.10
35	».35	».».35	3.50	62	».62	».».62	6.20
36	».36	».».36	3.60	63	».63	».» 63	6.30
37	».37	».».37	3.70	64	».64	».».64	6.40
38	».38	».».38	3.80	65	».65	».».65	6.50
39	».39	».».39	3.90	66	».66	».».66	6.60
40	».40	».».40	4. »	67	».67	».».67	6.70
41	».41	».».41	4.10	68	».68	».».68	6.80
42	».42	».».42	4.20	69	».69	».».69	6.90
43	».43	».».43	4.30	70	».70	».».70	7. »
44	».44	».».44	4.40	71	».71	».».71	7.10
45	».45	».».45	4.50	72	».72	».».72	7.20
46	».46	».».46	4.60	73	».73	».».73	7.30
47	».47	».».47	4.70	74	».74	».».74	7.40
48	».48	».».48	4.80	75	».75	».».75	7.50
49	».49	».».49	4.90	76	».76	».».76	7.60
50	».50	».».50	5. »	77	».77	».».77	7.70
51	».51	».».51	5.10	78	».78	».».78	7.80

SUITE *du tarif pour connaître à tant le cent, combien la planche, le centième réduit, et le décistère du bois de débit ou des planches.*

Prix du cent.	VALEURS de la planche.	VALEURS du centième réduit.	VALEURS du décist. ou nouvelle solive.	Prix du cent.	VALEURS de la planche.	VALEURS du centième réduit.	VALEURS du déc. ou nouvelle solive.
fr.	fr. c.	fr. c. mil.	fr. c.	fr.	fr. c.	fr. c. mil.	fr. c.
79	».79	».».79	7.90	107	1.07	».1.07	10.70
80	».80	».».80	8.»	108	1.08	».1.08	10.80
81	».81	».».81	8.10	109	1.09	».1.09	10.90
82	».82	».».82	8.20	110	1.10	».1.10	11.»
83	».83	».».83	8.30	111	1.11	».1.11	11.10
84	».84	».».84	8.40	112	1.12	».1.12	11.20
85	».85	».».85	8.50	113	1.13	».1.13	11.30
86	».86	».».86	8.60	114	1.14	».1.14	11.40
87	».87	».».87	8.70	115	1.15	».1.15	11.50
88	».88	».».88	8.80	116	1.16	».1.16	11.60
89	».89	».».89	8.90	117	1.17	».1.17	11.70
90	».90	».».90	9.»	118	1.18	».1.18	11.80
91	».91	».».91	9.10	119	1.19	».1.19	11.90
92	».92	».».92	9.20	120	1.20	».1.20	12.»
93	».93	».».93	9.30	121	1.21	».1.21	12.10
94	».94	».».94	9.40	122	1.22	».1.22	12.20
95	».95	».».95	9.50	123	1.23	».1.23	12.30
96	».96	».».96	9.60	124	1.24	».1.24	12.40
97	».97	».».97	9.70	125	1.25	».1.25	12.50
98	».98	».».98	9.80	150	1.50	».1.50	15.»
99	».99	».».99	9.90	175	1.75	».1.75	17.50
100	1.»	».1.»	10.»	200	2.»	».2.»	20.»
101	1.01	».1.01	10.10	225	2.25	».2.25	22.50
102	1.02	».1.02	10.20	250	2.50	».2.50	25.»
103	1.03	».1.03	10.30	275	2.75	».2.75	27.50
104	1.04	».1.04	10.40	300	3.»	».3.»	30.»
105	1.05	».1.05	10.50	350	3.50	».3.50	35.»
106	1.06	».1.06	10.60	400	4.»	».4.»	40.»

Première espèce. Pièces de 4.

		Pieds.	Pouc.	Lig.		Centimètres.
Longailles.	Longueur	4	10	»	=	157
	Largeur	»	5	»	=	13
	Epaisseur	»	1	4	=	3
Fonçailles.	Longueur	3	3	»	=	106
	Largeur	»	6	»	=	16
	Epaisseur	»	»	16 à 18	=	3 à 4

Seconde espèce. Pièces de 3.

		Pieds.	Pouc.	Lig.		Centimètres.
Longailles.	Longueur	4	8	»	=	152
	Largeur	»	5	»	=	13
	Epaisseur	»	»	15 à 16	=	3
Fonçailles.	Longueur	2	10	»	=	92
	Largeur	»	6	»	=	16
	Epaisseur	»	»	15 à 17	=	3

Troisième espèce. Pièce de 2.

		Pieds.	Pouc.	Lig.		Centimètres.
Longailles.	Longueur	4	4	»	=	141
	Largeur	»	4	4	=	12
	Epaisseur	»	1	2	=	3
Fonçailles.	Longueur	2	5	»	=	78
	Largeur	»	5	»	=	13
	Epaisseur	»	»	13 à 15	=	2 à 3

Les bois de merrain doivent être très-sains, très-durs et point gras; droits, nets, sans aubier, chèvres, gélivures, veines ni encoignures.

Pour éprouver les merrains, ainsi que les gournables, on les frappe avec force sur l'angle d'une enclume ou d'une grosse pierre bien dure; s'ils rompent net et sans éclats, cela indique que le bois est gras, et il faut le rebuter; si au con-

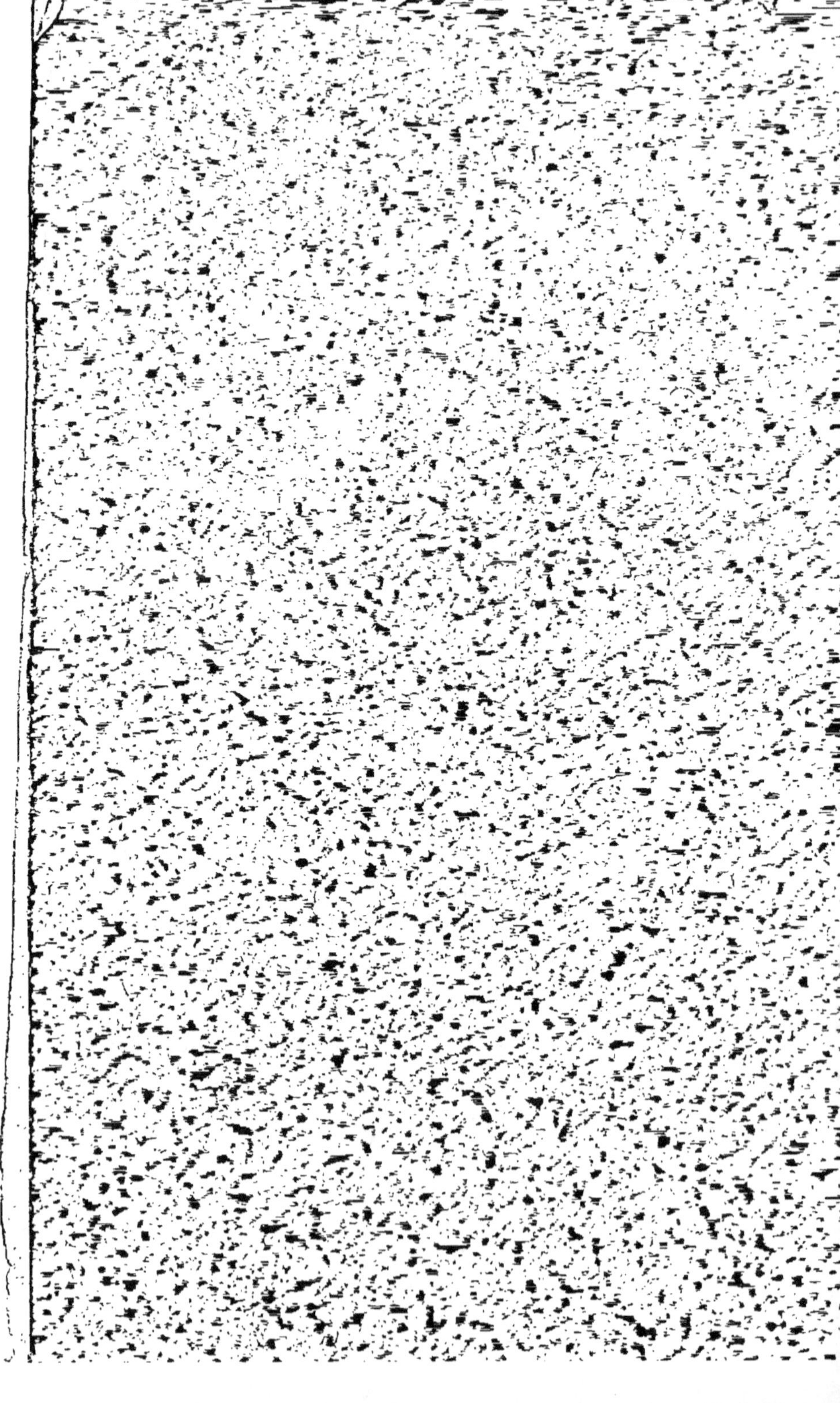

www.ingramcontent.com/pod-product-compliance
Lightning Source LLC
LaVergne TN
LVHW010033230826
846091LV00005B/1676

* 9 7 8 2 0 1 1 3 3 8 8 5 3 *